다음 세대를 생각하는
인문교양 시리즈

아우름 57

다음 세대를 생각하는
인문교양 시리즈

아우름
57

당신의 꿈은 무엇인가요

노래와 놀이로 찾아준 아이들의 꿈 방승호 지음

샘터

일러두기
이 책에 등장하는 학생들의 이름은 모두 가명입니다.

노래하며 놀다 보니
아이들이 달라졌습니다

　나의 삶은 아이들을 만나기 전과 후가 너무나 다릅니다. 아이들을 만나기 전까지 나는 무슨 일이든 못한다고 생각했습니다. 느리다, 이해력이 떨어진다 등등 나 자신에 대해 온통 부정적인 생각으로 가득 차 있었습니다. 아이들과 만나 즐겁게 놀기 시작하면서 그 부정적인 생각이 그저 생각일 뿐임을 알게 되었지요.

　나를 긍정적인 삶으로 건네준 뗏목 역할을 한 것이 있습니다. 바로 재미입니다. 재미는 내 안에 숨겨져 있던 많은 것을 끄집어내어 활기 있게 살게 해준 원동력이 되었습니다. 그리고 새로운 세상을 끊임없이 경험하게 해주었습니다. 특히 아이들과 함께할 때 해석하지 않고, 판단하지 않고, 충고하려 하지 않고, 있는 그대로 볼 수 있다는 사실을 알려주었어요.

내가 재미를 끌어내기 위해 사용한 도구는 모험놀이 상담과 노래입니다. 상담에 놀이를 사용하자 굳게 닫혀 있던 아이들의 마음 장벽이 너무나 쉽게 허물어지는 것을 생생하게 경험했습니다. 아이들이 변화하는 모습을 보면서 모든 아이들은 무언가 잘하고 싶어 하는 것이 있다는 사실도 알게 되었지요.

나는 아이들이 자신만의 고유한 생명력을 가지고 있다는 사실을 발견하고 그 사실을 아이들 스스로 알게 하는 작업을 했습니다. 어처구니없게도 그 작업은 어렵지 않고 단순했습니다. 봄이 오면 나무에서 새싹이 올라오듯 지극히 당연한 일이었습니다. 오히려 그것을 막는 것이 얼마나 억지스럽고 복잡한 일을 만들어내며 아이들을 힘들게 하는지 알 수 있었습니다.

많은 아이들을 상담하면서 나는 아이들이 감정 통로가 막혀 있어 불편해하고 있다는 걸 인지하였고, 그곳에 새로운 길을 내는 방법을 알게 되었습니다. 가장 중요한 것은 편안함과 재미를 느끼게 해주는 것이었습니다.

나는 아이들을 편안하게 해주기 위해 노래하며 함께 놀았습니다. 놀다 보니 아이들은 무장해제가 되었습니다. 자신을 가로막고 있던 복잡한 상처들이 사라지자 아이들은 활짝 웃으며 자신만의 꽃을 피우기 시작했습니다. 고맙게도 한번 해보겠다는 마음을 먹었습니다.

모든 아이들은 자신만의 삶을 살고 싶어 합니다. 지금보다 더 재미있게 살 수 있다는 사실을 알면서도 아쉽게도 실천하지 못하고 있을 뿐이었습니다.

그래서 나는 입학식 때마다 선글라스를 끼고 기타를 치며 노래하고 나서 중국산 대나무 이야기를 했습니다. "5년 동안 자라지 않는 대나무가 있습니다. 하지만 5년이 지난 후에는 아주 크게 자랍니다. 대나무는 그동안 자라지 않은 것이 아니라 뿌리를 깊고 넓게 내리고 있었습니다. 이제 여러분도 그동안 내린 뿌리로 높이높이 성장하는 일만 남았습니다"라고 말하며 함께 가자고 했습니다.

꿈이 없고 희망이 없어 보이는 아이들에게서 자라고 있는 뿌리를 보았으면 하는 바람으로 이 책을 썼습니다. 나는 운이 좋게 아이들이 깊은 뿌리를 바탕으로 흔들림 없이 무섭게 성장하는 것을 직접 볼 수 있었습니다. 그 과정에서 놀이

와 노래가 아주 큰 역할을 했지요.

　1장에서는 내가 경험했던 일들이 학교 노래로 만들어진 이야기를, 2장에서는 놀이를 학교에서 꾸준히 적용하며 일어났던 기적 같은 일들을 썼습니다. 3장에는 노래와 놀이를 통해 만난 아이들의 이야기를 담았습니다. 이 책을 디딤돌 삼아 모두 내가 경험한 문화의 기적을 직접 느낄 수 있기를 기대합니다.

가수/모험놀이상담가 방승호

노래하며 놀다 보니 아이들이 달라졌습니다

1장

노래,
삶을 바꾸다

나는
가수입니다

○

노래는 꿀벌처럼 여기저기 옮겨 다니며 아이들의 마음에 꿈이라는 꽃을 마음껏 피우게 했습니다. 다른 색깔의 꿈들이 조화를 이루며 우리만의 정원을 만들어갔습니다.

내 직업을 물어보면 교장, 모험놀이상담가, 작가, 가수 중에 무엇으로 답해야 할지 망설여집니다. 그중 제일 좋아하는 게 가수라고 소개하는 것입니다. 실제로 반응도 제일 좋고요.

진짜로 가수인지 궁금하지요? 음반을 9번 냈습니다. 10집은 녹음까지 끝내고 발표 준비를 마쳤으며, 11집도 가이드곡이 나와 있는 상태입니다. 창작열을 엄청나게 불태우고 있습니다. 아이들과 상담하면서 느꼈던 것들을 가사로 써서 대중가요로 만들어 부르고 있습니다.

첫 앨범 타이틀곡인 〈다시 시작〉은 꿈이 없는 아이들에게 다시 시작하라는 의미로 만든 드림송입니다. 그리고 8등급, 9등급 아이들을 위한 공부송 〈배워서 남주나〉, 담배 피우는 아이들을 위한 금연송 〈노 타바코〉 등을 불렀습니다. 최근에 낸 9집에서는 학교 폭력 예방 노래를 불렀습니다. 말하자면 나는 'school singer(학교 가수)'입니다.

요즘 종종 가수로 초청받아 노래할 기회가 있습니다. 무대에 서면 아이들을 상담하다가 팔자가 완전히 바뀌었다는 말로 시작합니다. 특히 교장 임기 중에 전교생을 만나면서 팔자가 9자로 무한한 세계에 들어갔다고 농담을 던집니다. 관객들은 그 농담이 사실인지 거짓인지 호기심이 생기는 모양입니다. 특히 노래를 잘하는지도 궁금한 모양입니다. 그렇습니다. 나는 아이들을 상담하다가 가수라는 내 꿈을 이루었습니다.

2007년 아현동에 있는 직업학교 교감으로 발령받았을 때입니다. 교감으로 발령을 받고 너무 좋았습니다. 하지만 좋은 것도 딱 일주일이었습니다. 교문 지도를 하는데 일단 들어오는 아이들 손에 책가방이 없었습니다. 머리 모양도 다 다르고 교복도 달랐습니다. 교무실에 올라가면 경찰서 같았습니다. 사고 치고 온 아이들로 북적대고 고함 소리가 가득

했습니다.

이 학교는 독특한 제도로 운영되는 대안 성격의 공립직업위탁학교입니다. 고2 때까지 인문계 학교에 다니다가 고3 때 입학해서 1년을 다닙니다. 졸업장은 원래 다니던 학교 졸업장을 받지요. 공부보다는 다른 데에 관심 있는 아이들이 오는 학교입니다.

아침이면 아이들이 학교 가기 싫다고 하죠? 내가 그랬습니다. 학교 출근하는 것이 지옥 같았습니다. 매일 터지는 사고 처리에 머리가 빠지기 시작했습니다. 스트레스죠.

캐나다에 유학하러 갔다가 가정 사정으로 돌아온 덩치 크고 잘생긴 민우는 매일 자살 소동을 벌였습니다. 아침이면 민우가 잘 자고 왔는지 확인하는 것이 학교 업무 중 가장 큰 일이었습니다. 민우와 몇 개월을 이렇게 씨름했습니다. 그러다가 민우가 요리에 관심 있는 것을 알게 되었고, 어렵게 요리 자격증 이론 시험 원서를 냈습니다. 살얼음판 걷듯이 어렵게 공부했고 결국 시험에 합격했습니다.

이론 시험에 합격하자 민우는 누가 시키지도 않았는데 저녁에 남아서 실기 실습을 하기 시작했습니다. 낮에 수업하는 태도도 변했습니다. 늦은 시간 요리 실습실을 지나다가 창가에서 보면 빠른 손놀림으로 요리에 집중하는 민우의 모습을 볼 수 있었습니다.

이렇게 평범한 일상으로 돌아가는 데 6개월 정도 걸렸습니다. 담임 선생님, 학생부 선생님을 비롯해 우리 선생님들은 하루하루가 정말 1년 같았습니다. 그러던 민우가 좋아하는 일을 찾아 목표가 생기면서 언제 그랬냐는 듯 달라졌습니다.

학부모 총회 때 어떤 어머니가 말한 웃지 못할 이야기도 있습니다. 아이가 학교 가기 싫어해서 아버지가 매일 아침 아이 침대에서 이불을 잡아 빼야 했고 물을 뿌린 적도 있다고 합니다. 몇 년을 전쟁 같은 아침을 보냈다는 거예요. 지금은 아이가 새벽같이 일어나 밝은 얼굴로 인사하고 나간다고 합니다. 그리고 저녁에 집에 오면 학교에서 있었던 일들을 신이 나서 주저리주저리 쏟아낸다고 합니다. 어머니는 아이를 변하게 만든 학교를 직접 보고 싶어 학부모 총회에 왔다면서 진심으로 고맙다는 말을 전했습니다. 흐뭇했고 보람을 느꼈습니다.

원래 다니던 인문계 학교에서 꼴통 소리를 듣던 정수는 지금은 대표적인 성공 사례가 되어 선생님들이 정수처럼만 하라고 이야기합니다. 정수가 자격증을 7개 취득한 이후 듣는 이야기입니다. 이 아이는 목수가 꿈입니다.

아이들로 인한 스트레스로 머리가 한 줌씩 빠지던 날들을 보내다 재미를 찾고 변화하는 아이들의 모습을 보게 되니 뭐라도 해보자는 생각이 들었습니다. 아이들에게 재미있는 일을 만들어줘야겠다고 마음먹었죠. 몇 가지 아이디어가 떠올랐어요.

먼저 1층에 노래방을 만들었습니다. 노래하고 싶은 아이들은 하루 종일 노래할 수 있게 해주었어요. 노래방 기계도 최신형으로 마련하고 방음 시설도 설치했지요. 요리를 좋아하는 아이는 최고의 선생님과 요리할 수 있게 해주었습니다. 그렇게 좋아하는 일을 마음껏 할 수 있게 해주었어요. 그리고 농담 반 진담 반으로 여기서는 절대로 영어 수학 공부하면 안 된다며 공부하는 걸 보면 책을 찢어버리겠다고 했어요. 아이들이 통쾌했던 모양이에요.

학교에 아이들이 좋아하는 일을 할 수 있는 환경이 조성되자, 작은 빛이 스며들듯 아이들이 달라지기 시작했어요. 아이들 대부분은 기존 학교에서는 수용하지 못하는 것에 관심이 있었죠. 관심사가 기타, 드럼, 미용, 옷, 커피, 연극 등이니 그냥 가슴속에 품고 살았던 거죠. 아이들은 비밀스럽게 간직했던 꿈을 이야기하고 펼칠 수 있는 장이 마련되자 무섭게 변화했습니다. 최선을 다하는 아이들을 보면 매 순간이 아름다웠습니다.

내가 매일 학교에 가면 하는 말이 있었습니다. 만나는 아이들마다 꿈이 무엇인지 물었죠. 그렇게 퍼진 꿈의 바이러스가 어느 날 내 꿈은 무엇인지로 돌아왔어요. 아이들이 한 명한 명 꿈을 이루어나가자 내게도 어릴 때부터 가수라는 꿈이 있었음을 떠올리게 되었습니다. 아이들은 점점 자신들이 좋아하는 일에 도전하여 각종 대회에서 상을 받았고 원하는 일들이 이루어졌어요. 자신감도 회복했고요. 이 흐름을 따라나도 음반을 내고 가수로 데뷔하자고 생각하게 된 것입니다.

학교에 있는 모든 사람이 가능성을 보기 시작했지요. 모두 꿈을 꾸게 되었고, 그 꿈들이 여기저기서 들풀처럼 피어났습니다. 노래는 꿀벌처럼 여기저기 옮겨 다니며 아이들의 마음에 꿈이라는 꽃을 마음껏 피우게 했습니다. 다른 색깔의 꿈들이 조화를 이루며 우리만의 정원을 만들어갔습니다.

마음이 편해야
합니다

○

모르는 것을 모른다고 말할 수 있으려면,
먼저 마음이 편해야 한다는 것입니다. 감
정적으로 다른 사람을 의식하지 않고 말할
수 있는 마음 상태가 조성되어야 합니다.

거짓말 같은 실화입니다. 어떻게 이런 일이 일어났을까요. 처음엔 잘 몰랐습니다. 하지만 상담할 때 아이들을 좀 더 관심 있게 보면서 그 이유를 알 수 있었습니다. 나무 인문학자 강판권 교수가 쓴 책《자신만의 하늘을 가져라》에서 이런 내용을 본 적이 있습니다. 그는 어릴 적 보았던 나무에 관심이 생기면서 어느 날 학교에 있는 나무를 세게 되었다고 합니다. 그렇게 나무에 대해 점점 알게 되었고 나무 인문학자라는 세상에 없던 것이 만들어졌다고 합니다.

나도 마찬가지였습니다. 아이들을 상담하면 할수록 더욱

세심하게 아이들의 마음을 보게 되었지요. 아이들과의 만남이 잦아지면서 아이들이 변화하는 순간이 보이기 시작했습니다. 제일 먼저 알게 된 것은 아이들 모두 화가 나 있는 상태라는 것이었어요.

학교에 들어오는 아이들은 모두 화난 표정이었습니다. 아이들의 눈꼬리가 독이 있듯 올라가 있었어요. 이야기를 나눠보면 아이들은 아주 거친 표현을 사용했어요. 무서울 정도였지요. 마음이 꽁꽁 닫혀 있었어요. 그러니 무엇을 해도 엉망이 되어버리는 것이었습니다. 모든 것은 마음먹기에 달렸다는데, 불행하고 힘들었던 과거의 기억이 현재의 마음을 지배하고 있었던 거예요.

이 화를 해소해야 하는데 방법이 없었어요. 아이들의 말투나 행동을 보면서 내가 화를 내고 있었으니까요. 아이들이 학교에 오면 다른 것은 몰라도 마음을 편하게 해주어야 다음이 있을 것 같았어요.

모든 사람의 마음 안에는 자신이 좋아하는 것이 분명 내재해 있습니다. 하지만 마음이 불편하면 그 불편한 감정이 벽을 만들어 내가 가야 할 길을 막아버립니다. 이 단순하지만 아주 중요한 진리를 많은 사람이 간과하고 있습니다. 각자의 문제로 치부하고 무심하게 지나쳐버리죠. 마음이 꼬여 있으면 배가 산으로 가는데 말입니다. 자신이 의도했던 것과는 전혀 상관없는 일이 벌어지는 것도 다 이런 닫힌 마음 상태에서 생기는 일입니다.

내가 만났던 아이들 대부분이 그랬지요. 특정한 시기에 마주했던 불행한 일로 마음이 닫힌 거예요. 시간이 지나면서 큰 벽이 되었고, 그 벽은 도저히 무너뜨릴 수 없는 아픈 상처가 되어 건드리면 몹시도 아파했지요.

좀 어려운 이야기이지만, 대부분의 사람이 크게 착각하고 있는 게 하나 있습니다. 내 불편함은 내가 일으킨다고 하는 생각입니다. 아닙니다. 사람은 그 불편함을 보는 자입니다. 내 불편함은 내가 일으킨다는 것이 착각임을 인지하면, 불편했던 일이 그저 지나가는 일이 되어버리는 기적 같은 일이 일어나지요.

예를 들어 깜깜한 밤에 길을 걷다가 긴 줄을 보면 뱀인 줄 알고 깜짝 놀랍니다. 하지만 가까이 가서 보고 줄인 걸 알고 나면 마음이 다시 평온해집니다. 뱀인 줄 착각을 했던 것이지요. 또 우리가 여름밤에 자다가 모기에게 물리면 자기도 모르게 손으로 모기를 쳐 죽이려고 합니다. 여기서 조금 생각해 보면, 내가 의식적으로 그렇게 한 것이 아니라는 걸 알 수 있습니다. 나와는 상관없이 그저 그렇게 작용한 것입니다. 그리고 그저 일어나고 사라진 일이지요. 그 일을 가지고 '내가 죽였네', '네가 죽였네' 하며 판단하고 구분 지을 때 불편함과 괴로움이 생기는 것이지요. 다 지나간 일을 가지고 말입니다.

그러므로 내가 어떻게 생각하고 판단하는지를 알아차리면 착각에서 벗어날 수 있어요. 그러면 다가오는 일들에 다양한 방법으로 대처할 수 있는 지혜가 생기지요. 삶의 질은 기쁨을 맛보는 능력에 달려 있다고 하는데, 기쁨을 맛볼 수 있는 능력을 갖게 되는 겁니다.

마음의 차이를 아는 것이 마음의 편안함과 불편함을 가르는 아주 중요한 갈림길이 됩니다. 하지만 마음의 차이는 알기가 쉽지 않습니다. 조용히 느껴지는 것들을 알아차리는 연습을 꾸준히 해야 합니다.

나는 아이들을 보면서 '어떻게 하면 자신들의 불편한 감정을 알아차리고 지금 이 순간을 살아가게 할 수 있을까' 하고 생각했습니다. 아이들을 만나고 나면 신경질이 났어요. 그 아이들을 만나는 선생님과 대화해도 마찬가지였어요. 나도 화가 나는 거예요. '이런 상태가 계속되면 나도 죽고 너도 죽고 모두가 죽는다'라는 생각이 문득문득 들어 두려웠지요.

그래서 나는 우선 매일 새벽에 조용히 명상하는 시간을 가졌어요. 명상센터에 등록도 하고 꾸준히 마음공부를 했지요. 내 마음에 관심을 갖고 알아차리려고 노력하자 조금씩 마음이 편안해지기 시작했어요. 치밀어 오르는 생각에 끌려가지 않는 빈도도 높아졌어요. 이런 내 마음의 상태가 아이들의 마음을 이해하는 데 정말 큰 도움이 되었지요. 아이들과 함께하기 위해서는 다각적으로 노력해야겠다는 마음도 들었고, 또 아이들에게 꿈을 꾸라고 하면서 정작 내 꿈을 포기해서는 안 되겠다고 생각했어요. 가수의 꿈을 이루겠다는 도전 의식이 생긴 거죠. 이렇게 마음의 장애물이 제거된 상태로 행동하니 그 폭발력이 대단했습니다.

결국 아이들과 상담을 잘하기 위해서는 아이들의 문제가 아니라 내 문제가 먼저 해결되어야 한다는 것을 명확하게 인지하게 되었어요. 이전에는 상담이 잘 안되면 아이가 문제라고 생각했는데, 아니었어요. 그냥 내가 그렇게 생각했던 것이었습니다. 나는 내 마음과 아이들의 마음을 때로는 망원경처럼 멀리서, 때로는 현미경처럼 가까이서 바라보는 시간을 꾸준히 가졌습니다.

아이들에게 꿈을 물으면 대부분 꿈이 없다고 말하며 실망합니다. 아닙니다. 아직 모르는 것뿐입니다. 우리가 세상일을 모두 다 알 수 있는 것은 아닙니다. 모른다는 것을 알면됩니다. 이것이 소크라테스가 위대한 철학자가 될 수 있었던 유명한 말이지요. 무지의 자각입니다.

이와 관련하여, 아이들을 상담하면서 아주 중요한 것을 알게 되었는데요. 모르는 것을 모른다고 말할 수 있으려면, 먼저 마음이 편해야 한다는 것입니다. 감정적으로 다른 사람을 의식하지 않고 말할 수 있는 마음 상태가 조성되어야 합니다. 안타깝게도 대부분 이것의 중요성을 인지하지 못하고 있습니다.

아하,
그렇구나

○

자신에게 솔직해지면 자연스럽게 나오는 소리가 있습니다. '아하, 그렇구나!'입니다. 자기 자신을 받아들이는 소리이죠. 하지만 그렇게 자신을 변화시키기 위해서는 넘어야 할 벽이 있습니다. 가장 큰 벽은 두려움입니다.

마음이 열리면 아는 것은 안다고 편안하게 말할 수 있습니다. 잔뜩 긴장하면서 '혹시 뭐라고 할까', '이게 맞을까' 하는 생각이 들면 마음이 닫히게 됩니다. 툭 하고 말할 수 있는 그런 환경이 조성되어야 합니다.

또 모르는 것은 모른다고 말할 수 있어야 합니다. 그래야 내가 나아가야 할 방향이 설정됩니다. 그렇지 않으면 엉뚱한 방향으로 가겠죠. 알지도 못하면서 아는 척을 하면 마음속에 갈등이 일어납니다. 우리가 잘 아는 셰익스피어도 《햄릿》 1장에서 "무엇보다도 너 자신에게 진실하라. 그러면 낮이 가면 절로 밤이 오듯이, 너는 누구에게도 거짓될 수가 없을 테니까"라고 먼저 자신에게 정직해야 함을 강조했지요.

자신에게 솔직해지면 자연스럽게 나오는 소리가 있습니다. '아하, 그렇구나!'입니다. 자기 자신을 받아들이는 소리이죠. 하지만 그렇게 자신을 변화시키기 위해서는 넘어야 할 벽이 있습니다. 가장 큰 벽은 두려움입니다.

나는 직업학교에 온 아이들을 상담하면서 아이들의 표정이 두려움으로 그늘진 표정에서 '아하!' 하는 소리와 함께 밝은 표정으로 변화하는 과정을 지켜볼 수 있었습니다. 아이들은 마음이 편안해지자 자신의 꿈을 이야기했습니다. 상담하면 할수록 아이들이 대단하다는 생각이 들었어요. 왜냐하면 인문학교에 다니면서도 공부에 관심이 없었고 매일 엎드려 잤지만, 자기 나름의 꿈을 잃지 않고 있었기 때문입니다.

인문학교에서 직업학교로 옮기는 결정을 하는 것 자체가 쉽지 않은 일입니다. 엄청난 불안과 두려움을 뚫고 결정한 거예요. 자신의 고정관념을 깨고 도전한 것입니다. 인문계 고등학교를 다니다가 기술을 배운다? 안 해본 사람은 모릅니다. 주변의 따가운 시선과 만류가 엄청납니다. 가장 큰 벽이 사랑하는 가족인 경우가 많아요. 그 벽을 넘은 아이들입니다.

아이들은 마음이 편해지면 다양한 방법으로 자신을 표현합니다. 공통적으로 수다쟁이가 되죠. 이것이 내가 모험놀이 상담을 평생 공부하는 이유입니다. 어떻게 하면 아이들의 마음을 편하게 할 수 있을까, 닫힌 마음을 어떻게 열 수 있을까를 고민하다가 몸을 움직이면서 하는 새로운 상담법을 공부하게 된 것이죠.

편하게 이야기를 나누다 보면 꿈에 관해 이야기하는 순간이 옵니다. 내가 "너는 꿈이 뭐야?" 하고 물어요. 그러면 아이는 자기가 무엇을 좋아하는지 입 밖으로 꺼냅니다. 아이들이 달라지기 시작하는 기적 같은 순간이고, 자기가 좋아하는 일이 꿈과 연결되는 순간입니다. 마음속 깊숙이 숨겨놓았던 꿈의 씨앗이 싹트는 순간입니다. 나는 상담 중에 아주 단순해 보이는 씨앗을 발견하고서 무섭게 변화하는 아이들을 수도 없이 봤습니다.

버클리 음대에 들어간 아이도 있었습니다. "언어는 어떻게 했어?" "그냥 유튜브 보고 영어와 중국어를 배웠어요." "원서는 어떻게 냈는데?" "인터넷으로 찾아보니 한국에서도 시험을 볼 수 있어서 응시했어요." 아이는 대수롭지 않다는 듯 말했습니다. 세계적인 베이스기타 연주자가 되고 싶다는 꿈을 가지고 있었습니다. 중학교 2학년부터 고등학교 2학년 까지 시험 볼 때 OMR 카드에 1번만 찍었다며 너털웃음을 지었던 아이입니다. 이랬던 아이가 자기가 무엇을 해야 하는 지 알게 된 순간 엄청난 노력을 하더라고요.

학교 폭력을 당한 경험을 바탕으로 다른 친구들을 도왔고 그것을 글로 기록해 대학 입시 때 자기소개서에 넣는 등 1년 을 열심히 준비한 재민이는 원하던 게임 관련 대학에 진학 했습니다. 대학생이 되어서도 게임을 만드는 일에 전념하느 라 정신이 없었어요. 군대 간다고 인사차 왔는데 큰 게임 회 사를 운영하고 싶다는 꿈을 이야기했어요. 나는 재민이가 벌 써 자수성가한 멋진 CEO 같다는 생각이 들었습니다.

여러분, 이것이 바로 깨달음입니다. 깨달음 하면 어렵게 생각하는데, 쉽게 말해 이해입니다. 내가 무엇을 해야 하는 지, 지금 어떤 상태인지를 타인에 의해서가 아니라 스스로 알게 되는 상태입니다. 불교에서는 이것을 '자명하게 안다' 고 표현합니다. 알게 된 것을 흔들리지 않고 의심 없이 행동 으로 옮길 수 있는 상태를 말합니다.

모든 선지자에게는 깨달음을 얻는 순간이 있었습니다. 원 효 대사도 마찬가지였습니다. 당나라로 유학을 가다가 밤중에 산속에서 마신 물이 너무 달았는데 아침에 보니 해골바가지 물이었습니다. 그 순간 깨달음을 얻습니다. '대상이 변하는 게 아니고 내 마음이 변하는 것이구나' 하고 깨달은 것이지요.

아이 한 명이 깨달음을 얻으니 주변이 밝아졌어요. 그 빛의 힘으로 한 반이 꿈밭이 되었고 점차 학교 전체로 퍼지기 시작했어요. 한 명 한 명이 모두 원효 대사 같았어요.

학교에서
버스킹을 하기
시작했습니다

○

점심 먹고 와서 음악을 들으며 몸을 가볍게
흔드는 아이, 친구가 부르는 노래에 마음
껏 함성과 박수를 보내는 아이, 창가에 팔
을 걸치고 눈을 감고 듣는 아이. 매점 앞은
한 폭의 멋진 그림 같은 공간으로 탈바꿈했
습니다.

　　　　　나는 아이들의 마음을 편하게 만드는
방법을 하나씩 개발하기 시작했습니다. 단순하고 재미있어
야 한다는 것이 첫 번째 점검 요소였습니다.

　가끔 홍대 거리에서 하는 버스킹을 보면 교복 입은 아이들
이 너무나 좋아하는 것이었습니다. 그래서 학교에서 버스킹
을 해보자고 마음먹었죠. 점심시간에 매점 앞에서 매일 노래
를 불렀습니다. 버스킹을 한다고 따로 공지하지는 않았어요.
그래서 그런지 아이들이 더 궁금해하고 재미있어하는 것 같
았어요. 학교 일을 너무 계획적으로 하면 긴장도 되고 재미
가 없어져요. 형식적으로 되기 때문입니다. 그래서 이런 일

이라도 즉흥적으로 하면 좋겠다는 생각을 한 거예요. 모르고 갔는데 재미있는 게 있으면 기분이 좋아지듯이 말입니다.

처음에는 나 혼자 기타를 가지고 시작했지요. 그러다가 노래에 관심 있는 아이들을 모아 함께했습니다. 출연진을 정해 돌아가면서 했어요. 자연스럽게 매일 학교에 음악이 흐르기 시작했습니다. 점심 먹고 와서 음악을 들으며 몸을 가볍게 흔드는 아이, 친구가 부르는 노래에 마음껏 함성과 박수를 보내는 아이, 창가에 팔을 걸치고 눈을 감고 듣는 아이. 매점 앞은 한 폭의 멋진 그림 같은 공간으로 탈바꿈했습니다. 교문 앞을 지나던 사람이 노래를 들으려고 서 있는 진풍경도 펼쳐졌어요.

나는 학생들의 금연을 돕기 위해 〈노 타바코〉를 불렀어요. 정말 신기하게 그 이후 담배 문제가 없어졌어요. 그리고 운이 좋게 KBS 9시 뉴스에도 보도되어 아이들이 더 신기해했지요.

이때 또 한 가지 학생회를 대상으로 꼼꼼히 챙긴 것이 있었는데요. 학교의 모든 규율은 스스로 정하는 과정을 거친 것입니다. 시간이 걸려도 하나하나 누구나 볼 수 있게 학교 벽에 게시하여 아이들이 참여할 수 있도록 했습니다. 이러한 작은 노력으로 아이들이 학교를 믿게 되었으며, 점점 학교가 재미있고 문화가 있는 공간으로 변화했습니다.

그 변화 과정에 나도 모험놀이 상담과 버스킹으로 꾸준히 참여했습니다. 정말 많은 아이를 만났습니다. 나는 그때 교장실뿐만 아니라 학교 전체를 업무 공간에서 창조 공간, 상담 공간으로 재창출하려고 했지요. 무미건조한 사막 같은 공간에서 오아시스를 찾아 떠났어요. 복도든 운동장이든, 어디에서 만나든 아이들에게 꿈을 물었습니다. "잘생겼는데, 너는 꿈이 뭐야?" "작곡가예요." "그래? 혹시 만들어놓은 노래 있어?" 작곡한 노래를 핸드폰으로 들려주면 "노래 정말 좋다. 대단한데" 하면서 아이와 이야기를 이어갔습니다. 처음 만났을 때는 그저 도망가려고 했던 아이들이 함께하려고 적극적인 태도를 보입니다.

꿈을 조금만 인정해 주고 들어주면 아이들의 표정이 밝아집니다. 자기 꿈을 이야기하는 그 순간 아이는 더없이 행복해 보입니다. 아이들은 대부분 자기 꿈을 이야기하고는 고맙다고 인사를 합니다.

아이들이 좀 더 자신의 꿈에 대해 생각해 볼 수 있는 프로그램을 만들어 전교생과 함께하기도 했습니다. 학기 초에 아이들에게 조용히 자기 꿈을 쓰는 시간을 갖게 했습니다. A4 용지에 꿈을 쓴 후 다시 포스트잇에 요약하는 것이었지요. 나는 아이들의 꿈이 적힌 포스트잇을 하나도 버리지 않고 교장실 벽면에 모두 붙여놓았습니다. 시간이 날 때마다 그것을 보면 참 흐뭇했어요. 수천 가지 꿈이 매일매일 익어갔습니다. 아직은 묘목이지만 말입니다. 이 묘목이 잘 자랄 수 있도록 도와주는 것이 바로 학교의 역할이라는 생각이 들었습니다. 교장실 벽면에는 수천 명의 묘목이 항상 자라고 있었습니다.

교장실에 수시로 오는 아이들은 벽면에 붙어 있는 다른 아이들의 꿈을 봅니다. 선생님들도 봅니다. 점점 학교는 온통 꿈밭이 되어갑니다. 타인에 의해 정해진 꿈이 아니라 본인이 좋아서 신중하게 선택한 꿈이기에, 시소 같은 하루지만 매일매일 실천하는 모습을 볼 수 있습니다. 꿈을 이루기 위해 노력하는 아이들은 정말 밝습니다. 뛰어다닙니다. 바쁘다고 합니다. 그리고 아이들은 정말 친절하고 예의 바르게 행동했습니다.

이렇게 아이들과 꿈에 대해 매일매일 이야기했습니다. 그러던 어느 날 문득 '나는 꿈이 뭐지?' 하는 생각이 들었습니다. 나에게 꿈을 묻기 시작한 것입니다. 하고 싶은 일의 목록을 적어보았습니다. 노래 부르기, 기타 치기, 산책하기, 여행하기, 멍때리기, 잠자기 등이 나왔습니다. 그중에 적을 때마다 매번 반복되어 나오는 것이 있었습니다. 바로 노래 부르기입니다. '그래, 나도 내 꿈을 실현해 보자. 가수가 되어보자.' 취미에 그치기보다는 음반을 내고 가수가 되어 아이들에게 꿈이 실현되는 모습을 직접 보여주면 좋겠다는 생각도 했어요. 당시엔 말도 안 되는 일이었지만 왠지 될 것만 같았습니다.

그때부터 보는 사람마다 아는 작곡가가 있는지 물었습니다. 그로부터 1년 뒤 내 손에는 1집 음반이 놓여 있었습니다. 겁도 없이 10곡을 녹음해서 정식으로 음반을 냈습니다. 뻥으로 시작한 것이 실현된 것입니다. 그 이후 내 좌우명도 바뀌었습니다. '선뻥 후조치'입니다. 일단 말을 하고 그 뒤에 그 말을 수습하자는 것이죠.

나는 이제 무엇을 잘하고 못하는지는 생각하지 않습니다. 그저 무엇을 할지를 결정하고 행동하면, 어떻게 할지는 자연스럽게 해결된다는 것을 음반 작업을 하면서 확실하게 체득했습니다.

한 가지 고백할 게 있습니다. 나는 정말 질투가 많았습니다. 특히 내가 하고 싶은 일이 도저히 엄두가 안 나서 마음속에 담아두고 있으면, 그것이 정말 많은 것을 꼬이게 했지요. 그런데 음반을 낸 뒤로는 질투심이 사라졌어요. 그때 알았어요. 내가 질투심으로 낭비하던 감정도 온전히 내가 하고 싶은 것을 하면 순식간에 사라진다는 것을요. 아이들도 마찬가지였어요. 자기가 좋아하는 일을 시작하면 신기하게 화가 사라졌어요. 얼굴을 보면 알거든요. 목소리에서도 나타납니다. 그 많던 생활지도 문제가 연기처럼 사라졌어요.

나는 아이들을 상담하면서 모든 아이들이 잘하고 싶어 한다는 것을 알게 되었습니다. 그래서 아주 간단한 방법으로 아이들이 하고 싶어 하는 것을 찾고 그것을 꿈과 연결해 주는 일을 했지요. 내가 했듯이 자기가 좋아하는 것을 목록으로 적어보는 겁니다. 정신이 가장 맑은 아침 시간에 써보라고 했지요. 세 가지, 다섯 가지, 빠르게 쓰면 열 가지 정도 적어봅니다. 그리고 그중에서 한두 가지를 주말에 실천해 보는 겁니다. 주말에 실천한 사진을 카톡으로 보내줄 수 있는지 물어보면, 아이들은 무조건 '오케이'라고 대답했어요.

여러분도 좋아하는 일을 종이에 쓰고 그것을 실천하는 시간을 가져보기 바랍니다.

〈노 타바코〉
금연송의
기적

○

산책하는 습관을 가진 뒤로는 해결해야 할
일이 생기면 자연스럽게 밖으로 나가 무조
건 걷습니다. 그러면 신기하게 마치 하늘
에서 별똥별이 떨어지듯이 '이거다' 하는
생각이 떠오릅니다.

나는 가수라고 강조했지요. 사실 가수라고 하지만 사람들은 내 노래를 잘 모르고 듣지도 않습니다. 그런데도 내가 계속 노래할 수 있게 해준 곡이 바로 〈노 타바코〉입니다. 타바코는 담배이지요. '노 타바코'는 담배 피우지 말라는 뜻입니다. 그리고 또 다른 의미로 아이들을 타박하지 말라는 뜻도 있습니다.

이 노래의 가제는 '금연송'이었습니다. 그런데 아무래도 금연송은 흔하다는 생각이 들어 마음에 들지 않았습니다. 녹음을 마치고 경주에 가족 여행을 갔을 때입니다. 저녁을 먹고 혼자 왕릉 주위를 걷다가 이 노래가 생각났습니다. 문득

'담배가 영어로 뭐지' 하는 의문이 들어 검색해 봤더니 '타바코tobacco'였습니다. 담배 피우지 말라는 뜻으로 앞에 '노no'를 붙이면 되겠다고 생각했습니다. 노래 제목이 만들어지는 순간입니다. 학교에 출근해서 친한 선생님에게 제목으로 '노 타바코'가 어떤지 물었더니 아이들을 타박하지 말라는 뜻으로도 들린다고 합니다. '이거다' 하고 생각했지요.

나는 화가 많은 사람입니다. 또 화를 잘 참지도 못합니다. 행동으로 자주 표현해 난감한 적이 많았습니다. 거기에다 화가 나면 금방 얼굴에 표가 났습니다. 문제는 행동으로 표출하는 순간 절제가 안 된다는 것입니다. 그래서 꼬이고 복잡해지는 경우가 많았습니다. 사회생활을 하면서 화를 그대로 표출해 쓴맛을 여러 번 보았지요.

그러다 우연히 명상을 하게 되었습니다. 명상을 꾸준히 하고 나서는 산책하는 습관이 생겼지요. 산책을 25년 이상 하면서 내 나름의 산책에 '자기와의 데이트'라는 이름을 붙였습니다. 명상이 산책으로 이어지면서 화를 표출하는 방법이 달라졌습니다. 〈노 타바코〉 이야기를 하다가 왜 갑자기 화 이야기를 하는지 생뚱맞다고 생각하실 겁니다. 아닙니다. 〈노 타바코〉가 나오게 된 배경을 설명하는 중입니다. 산책하는 습관을 가진 뒤로는 해결해야 할 일이 생기면 자연스럽게 밖으로 나가 무조건 걷습니다. 그러면 신기하게 마치 하늘에서 별똥별이 떨어지듯이 '이거다' 하는 생각이 떠오릅니다.

조용히 명상하는 시간이 많아지고 의식적으로 자주 걸으면서 그 별똥별 생각을 마치 눈으로 보듯 선명하게 알 수 있게 되었습니다. 아니, 알 수 있게 되었다는 표현보다는 떨어지는 별똥별을 낚아챘다고 하는 게 더 적합한 것 같습니다. 아무튼 나는 내 안에서 들려오는 소리가 있다는 것을 느낄 수 있었어요. 〈노 타바코〉의 노래 가사와 제목도 바로 그 순간에 받아 적은 것입니다. 명상과 산책을 통해 별똥별 생각을 떠올린 경험이 많아지면서, 언제나 내 곁에 별똥별이 있다는 사실을 알게 되었죠. 별똥별과 함께하는 방법은 의외로 간단했습니다. 떠오르는 생각을 알아차리면 되는 것이지요. 명상하고 산책하는 시간을 규칙적으로 가지면, 비가 오면 비가 오는 것을 알듯이 자연 작용처럼 별똥별 생각을 떠올릴 수 있습니다.

이 법칙으로 알게 된 별똥별은 마치 눈꽃 송이 같습니다. 눈꽃 송이는 하나하나 떨어지지만 뭉치면 다양한 눈사람이 됩니다. 이 눈사람은 신기하게도 겨울에만 있는 게 아닙니다. 사시사철 있고 시공간을 초월해 제한 없이 만들 수 있습니다.

〈노 타바코〉는 내가 정말 가수처럼 활동할 수 있게 만들어준 노래입니다. KBS 〈아침마당〉에도 출연해 생방송으로 기타를 치며 노래를 불렀고, 영국의 BBC 방송과 인터뷰하면서도 이 노래를 불렀습니다.

많은 날에는
150명이
지각했습니다

○

아이들이 하루 종일 왔습니다. 아침에 오
고, 점심에도 오고, 오후가 되면 오는 아이
와 가는 아이가 분간되지 않았습니다. 3주
정도 지나면서 숫자를 세어보았습니다. 지
각생이 적은 날은 100명, 많은 날은 150
명까지 있었습니다.

지금부터 〈노 타바코〉가 만들어진 배경을 좀 더 자세하게 돌아보겠습니다. 부족하고 힘들었지만 직업학교 교감을 무사히 마치고, 운이 좋게 더 큰 교육 정책을 실현할 수 있는 교육청에 장학관으로 발령받았습니다. 2년 동안 교육청에서 다양한 경험을 했습니다. 체벌 금지 등 교육에 획기적인 변화가 있던 때였습니다. 고생은 했지만 잘 버티고 다시 학교로 돌아왔습니다. 이번에는 직업학교가 아닌 인문계 고등학교 교장으로 발령받았습니다.

서울 소재 인문계 고등학교 교장으로 발령받은 날이 지금도 생생하게 기억납니다. 그 학교를 담당했던 장학사에게 문자가 왔습니다. 매우 힘든 학교라고 하면서, 그 학교를 방문했을 때 교무실에서 학부모와 학생, 선생님들이 다투고 있는 장면을 많이 보았다고 합니다. 발령받은 날 받은 축하 전화마다 '그 학교 힘든데 가서 잘해라', '어떡하지' 등의 걱정뿐이었습니다.

어쨌든 공무원은 발령받으면 가야지요. 출근을 했습니다. 1주일이 지나고 2주일이 지나자 특이한 것이 보였습니다. 아이들이 하루 종일 왔습니다. 아침에 오고, 점심에도 오고, 오후가 되면 오는 아이와 가는 아이가 분간되지 않았습니다. 3주 정도 지나면서 숫자를 세어보았습니다. 지각생이 적은 날은 100명, 많은 날은 150명까지 있었습니다. 학교는 항상 뭔가 터지기 직전인 것처럼 뒤숭숭했습니다.

생활지도부장 선생님은 내가 출근한 첫날부터 나만 보면 내년에는 생활지도부를 그만두고 다른 부서로 간다고 반복해서 말했습니다. 손사래를 치며 절대로 생활지도부장을 다시 할 수는 없다는 겁니다. 그때마다 나는 "그러세요. 좀 지켜보고 다시 말씀하시죠"라고 얼버무리고 지나갔습니다. 하지만 속으로는 불쾌하기도 하고 마음이 불편했습니다. 학생부에 있는 다른 선생님들도 마찬가지였습니다.

이랬던 학교가 달라지기 시작했습니다. 정말 아주 단순한 것을 했을 뿐인데 6개월 만에 그 많던 지각생, 학교 폭력 등이 사라졌습니다. 어떻게 했는지 궁금하시죠? 학교에서 호랑이 탈을 쓰고 다녔습니다.

수업 시간에 엎어져 자는 아이들을 보고 '어떻게 하면 아이들을 깨어 있게 할까', '수업 시간에 자는 문제는 해결할 수 없는 걸까' 하는 생각이 들었습니다. 선생님들에게 아이들을 왜 깨우지 않느냐고 물으면, 깨어 있으면 시끄러워서 수업에 방해가 될뿐더러 대드는 아이도 있다고 했습니다. 참 난감한 문제였습니다. 해결책을 나 자신에게 물으며 걷고 또 걸었습니다.

어느 날 산책 중에 '탈을 쓰거라' 하는 메시지를 들었습니다. 신비주의 같죠? 진짜입니다. 사실 이 부분은 나도 신기합니다. 왜 뜬금없이 탈이 생각났을까요. 그 생각은 내가 한 게 아닙니다. 그저 떠올랐어요. 얼마 후 시내를 걷다 이벤트 가게가 보여 나도 모르게 발걸음을 그곳으로 옮겼습니다. 여러 가지 탈이 눈에 들어왔습니다. 나는 회심의 미소를 지었지요.

호랑이
탈을 쓰고
돌아다니니

○

그렇게 몇 주를 호랑이 탈을 쓰고 돌았습니다. 나중에는 교장 선생님은 쉬라며 아이들이 탈을 쓰고 돌았습니다. 학교 분위기가 달라지기 시작했습니다. 험악했던 분위기가 사라지고 웃음이 돌았습니다. 그 시점부터 학교 폭력도 사라졌어요.

탈을 여러 개 구입해서 교장실에 가져다 놓고 고민에 빠졌습니다. '이걸 어떻게 쓰고 나가나' 하는 생각에 창피하기도 했고, 선생님들이 어떻게 생각할지도 걱정되었습니다. 그러다 주저하지 말고 그냥 행동으로 옮기기로 했습니다.

점심시간에 호랑이 탈을 뒤집어쓰고 운동장으로 나갔습니다. 아이들이 한 명 두 명 다가와서는 누구냐고 물으며 탈을 두드렸습니다. 아이들은 깔깔대며 환하게 웃었고 나와 하이파이브도 하며 재미있어했어요. 우르르 몰려들어 내 뒤를 졸졸 따라다녔고요. 첫발을 떼기가 어렵지 막상 행동으로 옮기고 나니 나갈까 말까 망설이며 느꼈던 두려움, 걱정 등은 순식간에 사라졌습니다.

그렇게 몇 주를 호랑이 탈을 쓰고 돌았습니다. 나중에는 교장 선생님은 쉬라며 아이들이 탈을 쓰고 돌았습니다. 학교 분위기가 달라지기 시작했습니다. 험악했던 분위기가 사라지고 웃음이 돌았습니다. 그 시점부터 학교 폭력도 사라졌어요. 6개월 동안 학교 폭력이 일어나지 않는 겁니다.

그래서 학교 폭력 예방 교육부 장관상을 수상하는 영광까지 얻게 되었습니다. 내가 강의할 때 자주 하는 농담이 있습니다. "그 많던 학교 폭력이 6개월 만에 한 건도 생기지 않아 교육부 장관상을 받았습니다. 그런데 상을 받고 3주 후에 학교 폭력이 일어났습니다. 나는 정말 운이 좋습니다"라고 말입니다. 학교 폭력이 일어난 건 사실입니다. 그런데 가벼운 문제였고 금방 화해되었습니다. 놀이는 사람의 마음을 열고 평화를 가져다주는 데 최고의 약인 것이 증명된 거죠. 장관상을 받을 때 수상 제목이 '아이들이 순해졌어요'였을 정도로 거센 아이들도 현저히 줄었습니다.

하지만 속으로 근심하면서 말 못 하는 큰 걱정거리가 있었습니다. 무엇일까요? 다 되는데 그것만 안 되었습니다. 해도 해도 안 되었습니다. 담배 문제입니다. 교장실 바로 옆에 반지하 공간이 있었는데, 연기가 모락모락 나서 가보면 아이들이 그곳에서 담배를 피우고 있었습니다. 수업 중인데도 아이들은 구석진 곳을 찾아가 담배를 피웠습니다. 학교에는 규정이 있습니다. 담배에 대한 규정은 그 어떤 규정보다도 강했습니다. 세 번 흡연하다가 적발되면 퇴학 조치입니다.

선도위원회가 매주 열렸습니다. 흡연으로 학교를 떠나야 하는 일이 아주 빈번하게 생겼어요. 정말 이때가 가장 힘들었던 것 같습니다. 퇴학당하든가 전학을 가든가 해야 하는데, 이것은 정말 쉽지 않은 일입니다. 거의 자포자기한 상태에 있던 부모님들도 막상 세 번 적발되어 알리면 그제야 어떻게 안 되겠느냐고 하소연합니다. 엄청난 민원에 시달리게 되는 거죠. 담임 선생님, 학생부 선생님 등 모두가 녹다운됩니다. 나도 담배 때문에 퇴학당하는 것이 어떻게 보면 말도안 되는 일이라 생각하지만 학교 규정이 그랬습니다.

학교에는 건물이 몇 동 있습니다. 학교 입구에 있는 건물 2층 화장실에 가보면, 문 열기가 겁이 날 정도로 화장실 변기에 담배꽁초가 가득했습니다. 본관 건물 왼쪽에 있는 휴식 공간도 쉬는 시간만 지나면 등나무 밑에 하얀 담배꽁초가

널려 있었습니다. 심심치 않게 흡연하는 아이들과 마주하기도 했지요. 건물 뒤쪽의 동아리 교실에서 담배 피우는 아이와 딱 마주했던 적이 있습니다. 정말 민망했지요. 일단 그 자리를 떠나 교장실로 같이 왔습니다. 벌써 두 번 적발되었다고 합니다. 기가 막힌 것은 작년에 세 번 적발되어 교칙에 따라 교육청에서 운영하는 위탁형 대안학교에 갔다 온 아이라는 겁니다. 살려달라고 합니다. 집에서 알면 자기는 죽는다는 겁니다.

그날 그 아이는 한의원에서 금연침을 맞기로 했습니다. 그리고 한 달 동안 화장실을 순찰하는 비밀 정보 요원으로 활동하기로 약속하고 매듭을 지었습니다.

담배 피우다 걸려서 뛰어 도망가는 아이들과 변기에 수북이 쌓여 있는 담배꽁초를 보면서 부들부들 떨렸던 적도 여러 번 있었어요. 하지만 막상 적발되어 온 아이들을 대면해 보면 너무나 천진하고 착한 아이들입니다.

아이들을 상담해 보면, 담배를 처음 접한 시기가 빠르면 초등학교 6학년 때였습니다. 특별한 이유도 없습니다. '그냥'이지요. 친구가 한번 피워보라고 해서 피웠다는 말이 제일 많습니다.

담배 문제로 자주 상담했던 충식이와 담배에 대한 느낌과 생각을 적어보는 시간을 가졌습니다. 담배를 생각하면 우울하다고 합니다. 공부를 생각하면 답답하고, 친구 문제를 생각하면 불편하다고도 했습니다. 가장 답답하고 우울했던 적은 언제였는지 물었습니다. 초등학생 시절 미국에 갔을 때라고 합니다. 거기에서 말도 안 통하고 친구가 없을 때 너무나 외롭고 답답했다고 합니다. 지금도 그곳에서 살았던 텅 빈 집을 생각하면 가슴이 답답하고 우울해진다고 합니다.

흡연으로 징계받고 있는 승민이는 담배를 끊고 싶다고 합니다. 그리고 학교를 꼭 졸업하고 싶고 부모님에게도 잘해 드리고 싶다고 합니다. 담배를 생각하면 짜증이 난다고 했습니다. 짜증이 났던 경험에 관해 이야기를 나누었습니다. 중학생 때 담배 피우다가 걸려서 짜증이 났다고 합니다. 다른 애들도 많이 피우는데 자기만 걸렸다는 겁니다. 그리고 담배 문제로 학교에 부모님이 왔을 때 정말 기분이 안 좋았다고 합니다. 이렇게 계속 짜증을 겪으면 평생 우울하게 살 것 같다고 했습니다.

담배를 피우는 아이들 대부분이 선생님은 물론이고 엄마와도 대립하고 있는 것을 봅니다. 담배 피우는 아이들에 대한 학생부의 감시하는 눈초리와 담배 피우지 말라는 엄마의 잔소리가 대립 관계에 한몫합니다. 이런 상황이 반복되면 아이들에게 퇴학이라는 강수를 두어도 '그래, 그만두면 되지 뭐' 하고 아이들이 학교를 포기해 버리는 안타까운 상황까지도 발생하게 됩니다.

담배 피우는 아이들을 상담하면서 동시에 담배꽁초를 줍기 시작했습니다. 금연 캠페인을 하는 아이들, 배움터 지킴이, 생활지도부 선생님들이 학교를 돌며 담배꽁초가 보이면 바로 줍고 치우는 일을 반복했습니다. 이때 흡연하는 아이와 마주하게 되더라도 그 아이를 쫓아가거나 혼내지 않기로 했습니다. 이렇게 1년이 지나가니 일단 어느 정도 담배꽁초가 줄었습니다. 학교에서 담배 냄새가 이전보다 안 난다는 말도 나왔고요. 그럼에도 화장실에서는 담배 연기가 심심치 않게 났습니다.

흡연 문제를 살펴보면서 아이들이 친구 문제, 가정 문제 등을 해결하지 못하여 마음의 짐을 가지고 있다는 걸 알 수 있었습니다. 그래서 혼내는 것 말고 다른 방법을 찾기 시작했습니다.

내 인생을
바꿀
아이의 방문

○

확실한 것은 아이들에게 억압적으로 담배
피우지 말라고 하는 것보다 메시지를 노래
에 담아 전하는 것이 아이들에게 더 잘 받
아들여진다는 겁니다.

　　　　　그러던 어느 날 2학년 여학생이 교장실
에 들어와서 할 말이 있다고 했습니다. 여학생 화장실에 담
배 연기가 너무 많이 나서 양치질을 못 하겠다고 하소연하
는 것이었습니다. 그 아이에게 정말 미안하고 창피했습니다.
"선생님이 자주 올라가 보고 신경을 더 쓸게"라고 말하고 돌
려보냈습니다.

　바로 2층 여학생 화장실에 올라가 보았습니다. 여학생 화
장실이어서 들어가 볼 수도 없고 참 난감했습니다. 화장실
앞에서 멍하니 운동장을 바라보고 있는데, 아이들이 겸연쩍
어하며 인사를 합니다. 화장실에서 나오는 아이에게 "지금

당신의 꿈은 무엇인가요

58

담배 냄새 나니?" 하고 물어보니 안 난다고 합니다. 불여시 같은 녀석들. 벌써 다른 곳으로 이동했습니다. 쫓고 쫓기는 것을 반복하면 감정만 나빠질 뿐입니다. 신경질이 나지만 화내지 말자고 다짐했습니다.

학교 운동장을 한 바퀴 돌아보다가 문득 게릴라 콘서트를 해보자는 생각이 들었습니다. 그날 바로 점심시간에 앰프와 마이크를 가지고 2학년 여학생 화장실 앞에 가서 금연 콘서트를 열었습니다. 아무런 사전 공지 없이 공연을 했습니다. 복도 공간의 울림이 커서 그런지 노래를 시작하자 아이들 몇 명이 호기심 어린 표정으로 구경하기 시작했습니다. 10여 분이 지나자 50여 명의 관객이 생겼습니다. 이날 30분 정도 공연을 했습니다. 아이들은 동영상과 사진을 찍으며 재미있어 죽겠다는 표정입니다. 공연이 끝나자 교실로 돌아가면서 "야! 대박이다", "우리 교장 선생님 돌았어" 하면서 즐거워했습니다. 수업을 마치고 나니 아이들이 노래하는 동영상과 사진을 SNS 여기저기에 올려 여학생 화장실 앞에서 금연 콘서트 한 것을 전교생이 다 알게 되었습니다. 누구도 담배 피우지 말라는 이야기는 하지 않았습니다.

이 동영상을 본 어떤 분이 너무 재미있다며 이참에 아예 금연송을 만들면 어떻겠냐고 제안했습니다. 처음에는 대수롭지 않게 지나쳤습니다. 그러다가 우연히 유명 작곡가를 아는 분과 이야기를 나누는데 금연송을 만들어보자는 말이 또 나오는 겁니다. 나에게 가사를 쓰라고 해서 처음엔 능력이 안 된다고 거절했지만, 아이들과 상담한 내용을 그대로 적으면 되겠다는 생각이 들어 써보았습니다.

"다 되는데 담배는 안 되는 것 같다"라고 시작하고 나자, 상담할 때 아이들의 모습이 파노라마처럼 떠오르면서 30분도 안 되어 가사를 완성했습니다.

다 되는데 담배는 안 되는 것 같다.

등나무 밑에 가면 하얀 담배꽁초가.

이놈의 자식들 혼을 내야지만 막상 보면 천진한 얼굴.

그들의 이야길 들어보면 참 안쓰러운 맘.

자신도 모르게 담배에 사랑을 갈구하는 것.

걱정하지 마, 할 수 있단다. 염려하지 마, 할 수 있단다.

도망가는 너희들의 그 뒷모습. 어디서부터가 잘못된 거였을까.

어른들이 해주지 못했던 일, 그건 바로 사랑일 거야.

아이들은 모르지, 왜 담배를 끊지 못하는지. 사랑에 대한 갈구야. 어른들이 못 지켜줬던 거.

걱정하지 마, 할 수 있단다. 염려하지 마, 할 수 있단다.

사랑을 줄게 함께 이겨내자. 희망을 줄게 우리 다시 시작해 보자, 우리 다시 시작해 보자.

- 〈노 타바코〉 가사 전문

이 가사는 얼마 후 노래가 되어 돌아왔습니다. 슈퍼스타K 출신 가수 김그림 양과 듀엣으로 불렀습니다. 작곡가 선생님의 기획사에서 좋은 뜻으로 선물을 주신 겁니다. 게다가 8월 말 학교 축제 때 쇼케이스로 김그림 양과 무대에서 함께 노래할 수 있었습니다. 학교 축제 포스터에 '김그림 출연'이 들어가자 축제에 대한 아이들의 관심이 더욱 높아졌습니다.

이렇게 발표된 노래는 운이 좋게 경향신문과 CBS 〈김현정의 뉴스쇼〉에 소개되어 화제가 되었습니다. 아이들도 노래에 관심을 보이기 시작했습니다. 방송과 SNS에서 자주 들리자 아이들이 콧노래로 〈노 타바코〉를 불렀습니다. 내가 지나가면 한 소절을 크게 부르는 아이도 있었습니다. 가사에서 자신들을 이해하는 느낌이 드는지 "선생님, 노래 정말 좋아요" 하면서 음원을 다운받았다고 말하기도 했습니다. 학교 점심시간 방송에도 이 노래를 자주 틀었습니다. 커피숍, 마트 등에서 아르바이트하는 아이들은 〈노 타바코〉를 자주 듣는다며 신기해했습니다.

〈노 타바코〉가 발표되고 나서 사람들은 재미있어하면서도 정말 담배 피우는 아이들이 줄었는지 궁금해합니다. 아이들이 담배 피우려고 자주 가던 학교 앞 연립주택의 아저씨도 학교에서도 노력하고 있는 것을 알게 되었는지 그 후로 화를 덜 내고 이해해 주었습니다. 확실한 것은 아이들에게 억압적으로 담배 피우지 말라고 하는 것보다 메시지를 노래에 담아 전하는 것이 아이들에게 더 잘 받아들여진다는 겁니다. 아무튼 담배가 줄었는지 궁금해하는 사람들에게 나는 "담배 피우다 걸리면 하루 종일 나하고 〈노 타바코〉 부르는 것이 지겨워서 그런지 조심한다"라고 말하며 웃습니다.

〈노 타바코〉가 울려 퍼진 후 7년여 동안 담배 문제로 복잡한 일이 거의 없었습니다. 담배 피우지 말라는 말 한마디 없이 말입니다. 금연 우수 학교로 보건복지부 장관상도 받았습니다. 새삼 문화의 힘을 절실히 깨달았습니다.

몽골의 낙타 중에는 새끼를 죽이는 낙타도 있다고 합니다.

그런 낙타 앞에서 동네의 노인이 마두금이라는 악기를 연주하며 노래를 부르면 낙타가 눈물을 흘리며 새끼에게 젖을 먹이고 순해진다고 합니다. 노래가 거친 동물도 치유하는데 사람이 어찌 치유가 안 되겠습니까.

QR 코드를 스캔하면
방승호 & 김그림의
〈노 타바코〉를
들을 수 있습니다.

아이들은
왜 공부를
포기했을까

○

걷다가 뜬금없이 '아이들은 왜 공부를 포
기했을까?' 하는 궁금증이 떠올랐습니다.
이는 내 인생을 다이나믹하게 완전히 바꾸
게 된 질문입니다. 나는 이 질문에 답을 하
면서 내가 가진 편견들을 하나씩 깰 수 있
었습니다.

나는 게임을 모릅니다. 관심도 별로 없습니다. 알려고 해도 머리가 나빠서 그런지 흥미가 생기지 않습니다. 그럼에도 불구하고 게임과 인연을 맺은 지 벌써 15년 정도 되었습니다.

  인연의 시작은 앞서 말한 대로 직업학교 교감 시절입니다. 당시 나는 모험놀이 상담에 푹 빠져 있었습니다. 하루 종일 모험놀이 상담만 했고 집에 가서도 그것만 생각할 정도로 흥미롭고 재미있었습니다. 그렇게 계속할 수 있었던 것은 아이들의 반응 때문입니다. 모험놀이 상담으로 함께 시간을 보내고 나면 태도가 완전히 달라졌습니다. 전에는 안 그랬거든요. 문제가 있어 오면 찡그린 얼굴로 마지못해 대답하고 정말 답답했거든요. 아이들을 상담하고 나면 피곤했습니다. 그래서 시작한 것이 모험놀이 상담입니다. 몸을 움직이게 하면 아이들이 재미있어했습니다. 그리고 집중을 했습니다. 놀고 나면 마음이 편안해지는지 자기도 모르게 마음속 깊은 이야기를 쏟아냈습니다. 집안 이야기, 친구 이야기 등등을 말입니다. 그것도 아주 짧은 시간에 변화되는 것을 매일 볼 수 있어서 학교 가는 것이 즐겁고 신이 났습니다.

정말 힘든 학교였거든요. 아이들이 드세다 보니 선생님들도 항상 긴장 상태였습니다. 작은 일이 감정과 연결되어 복잡해지는 경우도 많았습니다. 나는 성격상 이런 분위기를 잘 못 견디는데, 교감이라서 말도 더 조심스럽게 해야 했습니다. 이 부분이 정말 답답했습니다. 솔직하지 못한 기분이었거든요. 그러다 보니 아이들에게 더 집중하게 되었던 것 같아요. 선생님들과 일 이야기를 하는 것보다 아이들과 상담하는 게 명분도 있고 마음도 편했습니다.

점점 아이들을 만나는 시간이 많아졌습니다. 그러다가 내운명을 바꿀 질문이 하나 떠오릅니다. 성적 처리를 하다 보니 전부 꼴찌예요. 전교생이 말입니다. 서울의 270여 개 인문계 고등학교 가운데 200곳의 학생들이 이 학교에 왔습니다. 앞에서 설명했듯이 인문계 고등학교를 다니다가 3학년 때만 직업학교에 와서 다니는 겁니다. 졸업이 목표였어요. 기준을 그 정도로 생각하고 있었습니다. 사실 학교에서 공부 이야기는 묵시적으로 하지 않는 게 원칙이었지요. 그런데 걷다가 뜬금없이 '아이들은 왜 공부를 포기했을까?' 하는 궁금증이 떠올랐습니다. 이는 내 인생을 다이나믹하게 완전히 바꾸게 된 질문입니다.

이 질문이 머릿속에 확실히 각인되었습니다. 나는 이 질문에 답을 하면서 내가 가진 편견들을 하나씩 깰 수 있었습니다. 제일 먼저 깬 편견은 직업학교에 온 아이들이 공부를 못하는 아이들이라는 막연한 생각입니다. 그저 들은 이야기로 한 번도 의심 없이 그렇게 판단하고 단정했습니다. 이 생각 때문에 아이들을 제대로 보지 못하고 부정적으로 보고 있었습니다. 그것도 전체 학생을 그렇게 보고 있었습니다. 정말 끔찍한 생각이죠. 아이들이 문제가 아니라 내가 가진 편견 때문에 아이들의 다른 면을 보지 못한 것인데 말입니다.

우리가 살면서 갖게 되는, 나도 모르게 형성된 고정관념은 우리가 사는 세상을 아주 단조롭고 좁게 만듭니다. 나는 생선을 못 먹는다는 생각을 30대 중반까지 갖고 있었습니다. 실제로 어릴 때 생선이 나오면 비린내 난다고 부엌에 가서 따로 밥을 먹었던 기억이 납니다. 비린내가 나면 바로 내 모든 감각이 작동되고, 못 먹는다는 생각으로 의심 없이 번개보다 빠르게 연결됩니다. 문제는 왜 못 먹는지를 모른다는 것이죠.

그러던 중 직장의 윗분들과 회식을 할 때 생선회를 못 먹는다고 말할 수 없는 상황에 처했습니다. 어쩔 수 없이 한 점 먹고 나서는 언제 그랬냐는 듯 생선회를 잘 먹게 되었습니다. 참 허망한 일이지요. 못 먹는 이유도 잘 모르고, 언제 어떻게 안 먹게 되었는지도 정확하게 인지가 안 됩니다. 몇십 년을 당연하게 나를 지배했던 비린내에 대한 내 감정은 이런 것이었습니다.

이와 비슷한 고정관념이 아이들에게도 작용하여 '이 아이들은 공부와는 거리가 멀고 사고만 치는 녀석들이야', '해도 안 돼'라고 생각했던 것입니다.

내가
상담 한번
해볼까요

○

모험놀이 상담 시간은 친구나 가정사 등으
로 힘들어하던 아이들이 자기를 되돌아보
는 시간이 되었어요. 그리고 지금 이 순간
에 있으면서 과거를 받아들이기 시작했습
니다.

나의 내면에서 나온 '아이들은 왜 공부를 포기했을까?'라는 강력한 질문은 '어떻게 하면 될까?'로 이어졌습니다. 그리고 끊임없이 '다음에 뭐 하지?'라는 질문으로 이어졌습니다. '그래, 상담을 하자. 전교생을 만나 그 이유를 한번 알아보자'는 마음이 생겼습니다. 아이들 때문에 힘들어하는 담임 선생님들에게 "내가 상담 한번 해볼까요?" 하고 넌지시 던졌습니다. 교감인 내가 하겠다고 일방적으로 통보하는 것보다 선생님들에게 선택하게 하는 것이 힘이 있거든요.

　　그렇게 해서 우선 한 반 아이들을 대상으로 집단 상담을 시작했습니다. 모험놀이 상담 10회차 프로그램을 만들어 주 2회 진행했지요. 모험놀이 활동을 30개 정도 준비해서 한 번에 3개 정도 했습니다. 모든 활동을 비디오로 녹화도 했습니다. 프로그램이 끝나고 나면 비디오 영상을 보면서 또 다른 프로그램을 만들었습니다.

지금도 기억나는 장면이 있어요. 모험놀이 상담 중에 '해본 적이 있나요?'라는 활동을 했습니다. 아이들이 원을 만들어 서고 그 가운데 작은 장판지 위에서 술래가 '라면을 먹어본 적이 있나요?'라고 말하면 먹어본 사람은 가운데 놓여 있는 장판지를 찍고 원래 있던 자리가 아닌 다른 자리로 이동하는 활동이지요. 그런데 활동 중반에 한 아이가 "부모님 이혼을 경험한 적이 있나요?"라고 말하는 것이었어요. 쓸데없는 질문을 한다고 욕을 하면서 몇 명의 아이들이 움직이는 모습을 봤습니다. 그 순간 아이들의 표정이 마치 슬로비디오를 틀어놓은 것처럼 지금도 선명하게 떠오릅니다.

이렇게 상담을 통해서 생각지 못했던 아이들의 속마음을 들을 수 있었습니다. 학교에서 편안한 마음으로 집중해서 할 수 있는 활동과 다른 사람을 의식하지 않고 이야기할 기회가 생기자 아이들은 적극성을 보이기 시작했어요. 얼굴이 펴졌어요. 이때 내가 철저하게 지킨 것이 있는데, 바로 선택할 기회를 본인에게 준다는 것이지요. 실제로 프로그램 참여도 하기 싫으면 언제든지 그만둘 수 있게 했어요. 말도 안 되는 이유로 불참할지라도 이 원칙을 고수했지요. 선택하고 도전하게 했습니다. 이 효과는 정말 남달랐어요. 본인이 선택한 일에 대해서는 참여하는 정도가 달랐습니다.

모험놀이 상담 시간은 친구나 가정사 등으로 힘들어하던 아이들이 자기를 되돌아보는 시간이 되었어요. 그리고 지금 이 순간에 있으면서 과거를 받아들이기 시작했습니다.

아이들은 모험놀이 상담 시간을 기다렸습니다. 나는 아이들을 최대한 편하게 해주려고 노력했고 먹을 것도 주었죠. 과자와 음료를 제공했고 가끔은 햄버거를 먹으러 밖으로 나가기도 했어요. 프로그램 10회차가 끝나고 나서는 학교 근처 중국집에서 회식을 하기도 했지요.

모험놀이 상담 시간에는 일단 부담 없이 놀았습니다. 놀다 보면 다른 친구 이야기를 자연스럽게 듣게 되지요. 사실 평소에는 마음에 있는 이야기를 하기가 쉽지 않거든요. 듣다 보면 공감도 되고, '쟤도 저런 일이 있었구나' 하고 서로의 마음을 이해하게 되었습니다.

몸을 움직이면서 자기 방어기제 없이, 다른 사람의 이야기도 편하게 들으며 자기를 성찰할 수 있다는 것이 모험놀이 상담의 가장 큰 특징입니다. 사람은 몸을 움직일 때 다른 생각을 할 수 없어요. 지금 이 순간에 있는 거예요. 맛있는 것 먹으면서 친구들과 이야기하고, 다른 수업과는 다르게 적극적으로 참여할 수도 있고, 또 하기 싫으면 안 해도 되니 아이들은 불안감도 사라지고 자신감이 생기는 모양입니다. 지금 이 순간은 누구에게나 안전하거든요.

아마 공부 말고 자신들이 학교에서 무언가를 하는 것이 참 오랜만인 것 같았습니다. 수업 시간에는 이미 자신들이 할 수 있는 게 없다고 생각하고 있었거든요. 프로그램이 진행될수록 아이들의 에너지 패턴이 달라졌어요. 모험놀이 중에 조금 어려운 문제를 해결해야 할 때면 아이들이 보이는 집중력이 대단했습니다. 적극적으로 변화되는 아이들의 모습을 보는 것이 너무나 흥미로웠어요.

가장 큰 재미는 아이들이 문제를 창의적으로 해결하는 모습을 지켜보는 것이었습니다. 아이들은 탁월한 상상력으로 문제를 해결해 나갔어요. 입에서 감탄이 절로 나왔지요. 게다가 신기한 것은 매번 수업에 지각하지 않았다는 겁니다.

'못해요', '이거 왜 해요' 하는 소리도 점점 사라졌습니다.

　여기서도 나의 고정관념이 또 한 번 깨어지게 되었습니다. 설령 아이들이 공부를 못한다고 하더라도 다른 것도 못하는 것은 아니라는 겁니다. 너무나 황당한 편견을 가지고 있었습니다. 이 고정관념은 아이들에게도 있었습니다. '나는 공부를 못하니 아무것도 못한다'는 생각이 아주 뿌리 깊게 각인되어 있었습니다. 아이들이 관심을 충분히 받지 못했고, 아이들의 수준에 맞지 않게 가르치면서 조금만 못하면 안 된다고 다그치고 억압했기 때문입니다. 시간을 들여 충분히 설명해 주고 경쟁이 아닌 편안한 상태에서 과제를 해결하게 하자, 아이들은 나름대로 문제를 해결해 나가며 만족해 했어요.

　이런 모습을 보면서 제일 신난 것은 사실 저였습니다. 내가 생각한 것이 그대로 실현되었기 때문입니다. 내가 만든 활동 하나하나가 귀중하다는 생각이 들었습니다. 사람을 살리는 일이기 때문입니다. 어떻게 해도 안 된다는 생각이 지배적이었던 아이들에게 꿈과 희망을 주는 활동이거든요.

　점차 아이들을 개별적으로도 만났습니다. 경험을 통해 모험놀이 개별 상담법이 하나씩 개발되었지요. 아이들을 10명,

20명, 50명 만나서면 공통점을 발견했습니다. 아이들이 공부를 포기하고 가는 곳이 있었습니다. 바로 피시방입니다.

　당시 나는 아이들이 피시방에 가서 공부를 못한다고 생각했습니다. 즉, 게임 때문에 아이들이 공부를 못한다는 생각을 의심 없이 받아들이고 있었지요. 아이들을 상담하면서 그 반대인 것을 알게 되었습니다. 아이들이 공부를 포기한 이유는 다양했습니다. 가장 큰 원인은 가정불화였습니다. 특히 엄마와 아빠 사이가 안 좋은 경우가 많았습니다. 그다음이 수학, 영어 교과가 공부를 포기하게 만들었습니다. 피시방은 여러 가지 이유로 공부를 포기한 아이들의 마음을 위로해 주는 곳이었습니다.

　전교생을 상담하며 아이들이 공부를 포기한 이유를 직접 들은 뒤로는 항상 부모님들께 이야기합니다. 절대로 아이들 보는 앞에서 싸우지 말라고요. 쉽지 않은 일지지만 이 부분은 의식적으로 노력할 필요가 있습니다.

　공부를 포기한 이유보다 더 안타까웠던 것은 아이들이 피시방에서 너무나 오랜 기간을 보낸다는 것입니다. 길게는 초등학교 때부터 5~6년 동안 게임에 빠져 있는 아이도 있었습니다. 많은 아이들이 막연하게 프로게이머가 되고 싶다는 꿈을 가지고 있었습니다. 하지만 어디 가서 물어볼 데도 없고, 자기 실력이 어느 정도인지를 정확하게 확인할 수도 없었습니다. 그냥 하루 종일 게임을 하는 것이 유일한 낙이었습니다. 주변의 따가운 시선과 함께 말입니다.

나는 그 아이들을 도와줄 방법을 고민하기 시작했습니다. 편견과 고정관념으로는 절대로 이 문제를 해결할 수 없습니다. 모든 문제에는 나름대로 해결 방법이 있습니다. 내 나름의 문제 해결 방식은 다음과 같습니다.

한 가지 일을 꾸준히 3개월 이상 하는 것입니다. 이때 그 일을 누가 선택했는지가 중요합니다. 조금이라도 스스로 선택한 일을 하는 것이 좋습니다. 그 일을 꾸준히 하면 자연스럽게 궁금한 것이 생기게 됩니다.

그 일이 숙달될 때까지 신경 써야 할 게 있습니다. 몸을 관리하는 것입니다. 운동을 하는 것입니다. 중요한 게 하나 더 있지요. 자기만의 의식을 만드는 것입니다. 나와의 정기적 만남을 갖는 것입니다. 나는 아침에 명상을 하고 그날 해야 할 일을 꾸준히 적고 있어요. 주말에는 시간을 내어 규칙적으로 산책을 하고요. 나는 이것을 '자기와의 데이트'라고 이름 붙였다고 앞에서 이야기했죠. 해야 할 일이 많아 보이지만 루틴이 되면 어렵지 않게 할 수 있고 재미가 있습니다. 이는 자신과 내면을 연결하는 아주 멋진 선로를 개척하는 일입니다. 해보면 알게 되지만 '자기와의 데이트'는 끝없는 진화 과정을 거칩니다. 같은 게 하나도 없어요.

모험놀이 상담을 꾸준히 진행하던 나는 50여 명의 아이들을 만난 후부터는 다음이 기다려졌습니다. 재미가 생겼습니다. 반면에 아이들의 이야기를 들으면서 가슴이 아팠습니다. 내가 아이들을 직접 만나기 전에 생각했던 것과는 거의 모든 것이 반대였습니다. 게임 때문에 공부를 포기한 것이 아니라 여러 가지 해결할 수 없는 상황으로 인해 어쩔 수 없이 피시방에서 시간을 보낸 것입니다. 만약에 아이들이 피시방에 가지 않았다면 다른 비행을 하지 않았을까 하는 생각도 들었습니다.

아이들이 피시방에서 보낸 시간이 너무나 아까웠습니다. '다른 방법이 없을까' 하는 궁금증을 가지고 아침에 글을 쓰고 명상하고 운동하고 주말에는 꼭 혼자 있는 시간을 가졌습니다. 그러던 중 머릿속에서 '그 아이들을 위한 공간을 만들어주자'라는 생각이 스쳐 지나갔습니다. 나는 그 자리에 서서 박수를 치며 크게 웃었습니다. '그래, 이거야. 이열치열 이야.' 게임은 게임으로 풀어야 한다는 생각이 들었던 것입니다. 어떤 일을 꾸준히 하면서 질문을 계속 던지면, 어느 순간 기존의 답과는 전혀 다른 답을 얻게 되는 쾌감을 느끼게 됩니다. 이때도 마찬가지였습니다.

나는 말이 잘 통하는 몇몇 선생님들에게 그동안 상담한 내용을 자세히 이야기하면서, 학교에서 아예 게임을 가르치자고 제안했습니다. 반응이 정말 안 좋았습니다. 당시에는 게임 중독이 사회 문제로 대두되던 때였으니까요.

학교에
피시방을
만들었습니다

○

게임 중독은 대한민국에서 아들이 있는 가
정이라면 대부분 고민하는 문제입니다.
이 문제를 나는 다르게 보기 시작했어요.
몰입, 즉 집중할 수 있는 능력으로 봤습니
다. 그런 생각으로 학교에 만든 피시방이
아이들을 변화시켰지요.

하지만 나는 확신이 있었습니다. 무엇보다 아이들에게 도움을 주고 싶었고, 기존에 안 하던 것을 한번 해보자는 마음도 도전하는 데 한몫했습니다. 주변의 반대를 무릅쓰고 학교에 피시방을 만들었습니다. 그것도 시중의 피시방보다 더 좋은 시설로 만들었습니다. 바둑을 둔 뒤 복기하듯 게임한 것을 다시 볼 수 있는 시설도 설치했지요. 자신이 한 게임을 친구들과 보고 분석하기 위한 용도입니다. 게임을 공부하는 것으로 승화시킨 거예요. 교실과 교무실은 투명 창으로 바꾸고 방송을 송출할 수 있는 시설을 설치했습니다. 선생님과의 소통 방식을 바꾼 것이지요. 선생님은 감독이자 피디입니다.

딱딱한 교실 환경을 개선하기 위해 벽면을 나무로 바꾸었고, 최고 사양의 컴퓨터를 피시방처럼 배치했습니다. 그리고 학과명을 무엇으로 했을까요? 'e스포츠과'라고 했습니다. 학생 선발도 게임으로 했지요. 교실에서 수업을 하는데, 36년 교직 생활 동안 이렇게 수업 태도가 좋은 아이들은 처음 보았습니다.

그 많던 지각도 순식간에 없어졌어요. 교문을 열면 들어옵니다. 수업 시간에는 수업에 집중하느라 정말 조용했습니다. 아이들이 교실을 집보다 더 좋아하는 듯했습니다. 시간이 지나면서 아이들의 피부가 좋아졌습니다. 혈색이 돌아왔습니다. 매일 밤새 하던 게임을 이제 학교에 와서 집이나 피시방보다 더 좋은 환경에서 하니 자연스럽게 밤에 잠을 자는 것이었습니다. 그동안은 학교에 오면 잠을 잤는데, 밤에 자고 낮잠을 자지 않으니 신체 리듬을 찾게 되었고요. 게임 실력이 재능이라고 불리자 얼굴에 웃음을 되찾았고 피부가 정말 뽀얗게 변했습니다.

그때 또 한 번 다르게 보는 힘을 느끼게 되었습니다. 아이들이 하루 종일 게임하는 것을 보통 중독이라고 합니다. 하지만 상담을 하면서 중독된 아이들이 아님을 알게 되었습니다. 가방을 들고 학교에 오기만 하면 중독은 아니라고 생각한 것이지요. 게임하는 아이에게는 학교에서 할 수 있는 것이 아무것도 없습니다. 그래서 학교에서는 잠을 자고 밤에는 게임을 한 것입니다. 이러한 이해를 바탕으로 아이들을 바라보자 모든 것이 다르게 보였습니다. 먼저 아이들은 게임에 중독된 것이 아니라 몰입하는 것이라는 생각이 들었습니다. 한 가지 일을 하루 종일 할 수 있는 능력을 가진 사람이었습니다. 그것도 몇 년 동안 꾸준히 말입니다.

아이들은 내가 어떤 눈으로 자신들을 보는지 느낌으로 아는 모양입니다. 다르게 보니 다르게 답했습니다. 아이들은 천재였습니다. 무슨 일이든 충분한 이해를 바탕으로 설명하고 소통하니 못 하는 게 없었습니다. 마음만 먹으면 무엇이든 도전하는 것이었습니다. 그것도 아이들 말로 '몰빵'하고 즐기면서 했습니다.

처음에는 졸업만 하면 좋겠다는 생각으로 시작했어요. 그러니 내 입장에서는 그저 학교만 오면 만사 오케이였지요. 하지만 아이들은 자신이 무엇을 해야 하는지 정확하게 알고 있었습니다. 그것도 스스로 깨친 진짜 프로였습니다. 게임 수업과 관련해서는 손댈 일이 없었어요. 우리는 잘 알지도 못했고요.

몇 달이 지나자 아이들끼리 팀을 만들어 대회에 출전한다고 합니다. 고등학생 대회, 일반인 대회 등 각종 대회에 나갔습니다. 신기한 것이 나가면 우승을 하는 겁니다. 점점 큰 대회에 나가서도 우승하자 각종 언론에서 학교를 주목하기 시작했지요. 동시에 준프로도 나왔습니다. 대단하지요. 시간이 지날수록 아이들은 엄청난 집중력을 보였고 성실하고 규칙적인 생활을 이어갔어요. 선수가 되려면 운동을 해야 한다나요. 하지만 프로 진출은 힘든 과정이었습니다. 매년 2~3명 정도가 테스트를 받고 프로가 되거나 2군에 입단했어요.

매주 화요일 아침이면 피시방 아이들과 한 시간 정도 대화하는 시간을 가졌습니다. 그래야 아이들이 무엇을 원하는지 알 수 있었고, 그중에 우리가 해줄 수 있는 것과 없는 것이 무엇인지를 아이들에게 정확하게 이해시킬 수 있었으니까요. 되도록이면 아이들이 원하는 것은 바로바로 해결해 주었습니다. 특히 컴퓨터는 최고 사양으로 배치했습니다.

한 해를 마무리할 때면 학교생활이 어떠했는지 물어보았는데, 아이들은 한결같이 행복했다고 말합니다. 하고 싶은 일을 마음껏 할 수 있어 학교 다니면서 처음으로 행복을 느꼈다고 합니다. 수줍은 듯한 얼굴로 그렇게 말하는 모습을 보고 울컥하고 눈물이 났습니다. 특히 직업학교 활동을 3년 동안 촬영하여 개봉한 다큐 영화 〈스쿨 오브 락〉에서 자장면을 먹으며 19년 만의 첫 행복이라고 이야기하는 장면은 지금 보아도 마음이 짠합니다. 미안하기도 하고 고맙기도 하고 안쓰럽고 복잡한 감정이 올라옵니다. 사실 나도 주변의 시선으로 마음고생을 많이 했거든요.

아이들은 또 이야기합니다. 이 과에 들어오지 않았다면 자기는 계속해서 집에서 갈등을 일으키고, 매일 밤을 새워가며 게임만 하고, 막연하게 프로게이머가 되겠다고 시간을 허비했을 것이라고 합니다. 이렇게 후회 없이 게임을 해서 정말 좋았다고 합니다. 자기 실력이 프로게이머가 되기에는 부족하니 게임 해설 쪽으로 진로를 바꾸고 싶다고도 합니다.

스스로 진로를 바꾸는 겁니다. 주변의 강요가 아니라 자기 스스로 무엇을 해야겠다고 생각을 바꾸었습니다. 진로를 스스로 바꾸기까지는 여러 가지 요소가 필요합니다. 시간도 필요하고, 주변의 좋은 인연도 필요합니다. 가장 중요한 것은 자신이 좋아하는 일을 꾸준히 해야 포기도 가능하고 다른 것도 보인다는 겁니다.

가만히 생각해 보니, 나도 나보다는 다른 사람들을 의식하고 선택하며 살아왔다는 것을 알게 되었습니다. 사실 사범대에 간 것도 아버지가 초등학교 선생님이었고 어릴 때부터 항상 어머니에게 안정적인 직업은 선생님이라고 들어서 의심 없이 갔습니다. 그 이후에도 내가 좋아하고 하고 싶은 일을 선택하기보다는 주변을 의식하고 선택하며 살아왔습니다. 그래서 그런지 뭔가 기다려지는 것 없이 무미건조한 생활을 해왔습니다.

하지만 모험놀이 상담으로 아이들을 만나야겠다는 생각을 실천할 때는 누가 시키지도 않았는데 너무나 재미있었습니다. 그리고 진행하는 과정에서 힘든 일을 마주했을 때도, 전 같으면 그냥 포기했을 텐데 또 다른 방법을 시도하며 이겨나가는 나를 보게 되었습니다. 호기심을 가지고 말입니다. 그렇습니다. 내 마음먹기에 달려 있었던 것이지요.

그 이후에는 일상을 다르게 보려고 노력했습니다. 죽고 싶다는 아이에게도 왜 그런지 조심스럽게 이야기를 들을 수 있는 힘이 생겼고, 매일 같이 담배 피우다 걸려 오는 친구들에게도 그 이유를 들을 수 있게 되었습니다. 이 아이들을 만나게 된 것을 감사하게 생각할 정도였으니까요. 또 아이가 어려운 환경에도 불구하고 중심을 잡고 목표를 향해 나아가는 모습을 보면 더없이 으쓱해지고 행복했어요. 살면서 그보다 더 큰 보람이 없었습니다. 코끝이 찡한 느낌 말입니다. 그 느낌을 내면 깊숙이 경험하니 대체 불가한 행복 그 자체였습니다.

게임 중독은 대한민국에서 아들이 있는 가정이라면 대부분 고민하는 문제입니다. 이 문제를 나는 다르게 보기 시작했어요. 몰입, 즉 집중할 수 있는 능력으로 봤습니다. 그런 생각으로 학교에 만든 피시방이 아이들을 변화시켰지요. 시간이 걸리기는 했지만 아이들이 달라지는 모습을 보았을 때 성취감이 대단했습니다. 이 기쁨은 돈으로 살 수 없는 귀중한 것이었어요.

내가 근무했던 직업학교에서 가장 힘들었던 문제는 생활지도 문제와 중도에 그만두는 문제였습니다. 생활지도 문제는 정말 지옥이라는 표현을 썼습니다. 선생님들이 가장 힘들어하는 부분이지요. 다른 일을 할 수가 없었어요. 학교 폭력, 절도, 무단 지각 등이 하루가 멀다 하고 일어났습니다. 이런 것들이 제로가 되었습니다. 그리고 입학했다가 적성에 안 맞는다며 10% 정도의 학생이 소속 학교로 되돌아갔는데, 그것도 제로가 되었습니다.

아주 간단했지요. 그저 아이들에게 관심을 갖고 좋아하는 것을 파악하고 여건을 만들어주었을 뿐인데 이렇게 달라진 거예요. 여기에는 사실 몇 겹의 고정관념을 깨야 한다는 것이 포함되어 있지만요.

e스포츠과를 만들 때 가장 중요한 목표가 무사히 졸업시키는 것이었다고 했지요? 그런 목표를 세웠다는 것 자체가 참 민망한 일이 되었습니다. 점점 아이들이 자신감을 갖게 되었습니다. 선생님의 얼굴도 환해지기 시작했습니다.

아이들이 학교 축제 때 게임 대회를 개최하고 싶다고 했습니다. 물론 모든 준비를 아이들 스스로 했지요. 마치 월드컵을 학교에서 보는 듯했어요. 교실에 몰려드는 아이들, 밖에서 방송으로 지켜보는 아이들 모두 하나가 되었습니다. 학교는 순간순간 터지는 함성으로 가득했습니다. 게임 대회를 주최한 아이들은 애교심을 갖고 게임에 참가했으며, 이를 관전한 아이들도 학교에 대한 생각을 완전히 바꾸었습니다. 누가 바꾸라고 한 것도 아닌데 스스로들 그렇게 하네요. 표정이 밝아졌습니다. 학교가 자기들을 위해 끊임없이 무언가 해준

다는 느낌을 받은 모양입니다.

2층 한쪽 편에 있던 학교 피시방이 학교 전체를 바꾸었습니다. 학교가 브랜드를 가지게 되었어요. 고품격 명품 학교가 된 것이죠. 아니, 알려주어도 흉내 낼 수 없을 정도의 학교가 되어갔습니다. 나는 교실 앞에 'LOL 영재센터'라고 간판을 크게 붙였습니다.

하루 종일 인상을 써야 했던 선생님들의 얼굴에 미소가 흐르고 수업 시간에 아이들이 질문을 하기 시작하면서, 학교는 정말 학교가 되어갔습니다. 외부에서 방문한 사람들이 학교에서 받은 인상을 이렇게 이야기합니다. 웃지 않는 아이가 없고 누구를 보든 인사를 잘한다고요. 마치 외국의 명문 사립 학교에 온 것 같은 느낌을 받았다고도 합니다. 소문이 나자 마치 성지 순례를 하듯 많은 방문객이 학교를 찾았습니다.

돌아가신 차동엽 신부님의 책《무지개 원리》에서 이런 글을 본 적이 있습니다. 제2차 세계대전 때 남편을 따라 사막으로 가게 된 부인은 더위와 모래 때문에 힘들어했습니다. 도저히 살 수 없다고, 교도소도 이보다는 나을 거라고 친정 아버지에게 하소연하는 편지를 썼습니다.

친정아버지의 답변은 이렇습니다. "감옥 문창살 사이로

내다보는 두 사람, 하나는 흙탕물 보고 하나는 별을 본다."
이 편지를 보고 부인은 충격을 받습니다. 그 짧은 문장이 그녀의 인생을 바꿔놓았습니다. 그 후 그녀는 대자연을 연구하여 《빛나는 성벽》이라는 책을 출판하고 유명 작가로 삶을 살았다고 합니다.

어떻게 보느냐가 중요합니다. 아이들을 다르게 보기 시작하자 모든 것이 달라졌습니다. 내 인생까지도 완전히 바뀌었습니다. 나는 무슨 일이 있을 때 다른 것을 보려고 합니다. 창살 너머 별을 보려고 합니다. 이러한 노력으로 멋진 별들을 보게 되었습니다.

학교 피시방이 어느 정도 안정되자 내 머릿속에는 또 한 가지 아이디어가 떠올랐습니다. 무엇일까요? 노래를 만드는 일이지요. "하루 종일 앉아 게임만 하는 것 그것이 전부였어"로 시작되는 곡을 만들었습니다. 게임 때문에 걱정하지 말라는 뜻에서 제목을 〈Don't Worry〉라고 했습니다. 뮤직비디오는 댄스반 아이들이 만들었고요. 뮤직비디오를 자세히 보면 헤드뱅잉하는 아이가 춤을 추면서 살짝 웃는 모습이 나옵니다. 뮤비를 보면서 나도 같이 웃을 수 있어 행복합니다.

2장

놀이,
마음을 열다

재미있으면
좋겠다는
생각

○

나는 작은 생각을 행동으로 옮겼을 뿐입니
다. 그 바탕에는 '재미'라는 것이 큰 힘이
되었지요. 재미있다는 생각이 실제로 행
동할 수 있도록 나의 마음을 열어주었습니
다. 그것도 끊임없이 말입니다.

"우리 만남은 우연이 아니야"라는 가사의 노래가 있습니다. 나와 모험놀이의 만남은 정말 우연이 아닌 것 같습니다. 나는 1988년도에 선생님이 되었어요. 아이들을 만나면 참 재미있었어요. 그런데 교과를 가르치는 일에는 별로 흥미를 못 느꼈습니다. 그래서 그런지 수업에 들어가면 엉뚱한 소리를 많이 했지요. 특히 농담하는 것을 좋아했어요.

학교생활이 특별히 재미있는 것도 없고 항상 그랬어요. 수업할 때는 교과 수업을 다른 것과 연계해서 실습을 많이 했어요. 교과 외에 다른 말을 많이 했고요. 아이들이 웃어주면 그렇게 좋았어요. 아이들이 학교에 오면 재미있게 해주고 싶다는 생각을 항상 가지고 있었지요.

1992년 8월이었을 거예요. 동아일보에서 주관하는 레크리에이션 자격증 과정에 대한 안내 글을 보았습니다. '아! 그래, 이거다' 하고 바로 신청했지요. 아마 레크리에이션 자격증 과정 신청이 살면서 처음으로 내가 하고 싶다는 생각을 가지고 선택한 것일 겁니다.

나는 이때를 생각하면 미국의 기상학자 에드워드 노턴 로렌츠의 나비 효과가 생각납니다. '나비 효과'라는 용어는 1952년 미스터리 작가 레이 브래드버리의 단편소설 〈천둥소리〉에서 처음 등장했고, 이 말을 로렌츠가 자신의 기상 이론을 설명하면서 사용했습니다. 나비의 작은 날갯짓이 지구 반대편에서 허리케인을 만들 수 있다는 이론입니다.

이 이론은 불교의 인연 법칙과 같다는 생각도 듭니다. 모든 것이 연기緣起의 법칙에 따라 이루어진다는 부처님의 말씀과도 맥을 같이하고요. 어떤 작용이 있어야 다음 작용이 있다는 말입니다.

아이들을 재미있게 해주면 좋겠다는 내 생각이 작은 날갯짓이 되어 내 인생 전반에 큰 바람을 일으켰습니다. 재미는 긍정적 바람을 일으키는 마법과도 같았습니다.

당시만 해도 레크리에이션은 생소한 분야로 수업에 적용하는 데 어려움이 있었습니다. 수업 중에 학생들은 책상에 앉아 움직이지 않아야 하며 말하면 떠드는 것으로 취급받던 시대였어요. 하지만 레크리에이션은 움직여야 하고 많이 웃고 떠들어야 하지요. 밖에서 보면 노는 것 같았던 모양이에요. 옆 반 수업을 방해한다는 소리를 교감 선생님에게 몇 번 들었어요. 그렇지만 수업 중에 간단한 놀이를 적용해 보니 아이들이 깔깔대며 해맑은 얼굴로 변하는 모습에 '이거다' 하는 것을 알겠더라고요. 그래서 자격증까지 취득하게 되었습니다.

한 달 동안 포크댄스를 비롯해 다양한 게임을 진행하는 방법을 배웠습니다. 학교에 가면 시간 나는 대로 수업 시간에 적용했지요. 담임을 하고 있을 때여서 학급 활동에도 활용했고요. 아이들이 재미있어했어요. 무미건조했던 학교생활이 조금 나아지긴 했지만 썩 만족스러운 것은 아니었어요. 당시만 해도 학교 규율이 엄청나게 강했거든요. 학교가 마치 훈련소 같다는 생각이 들 정도로 엄했습니다. 힘이 든 건 교사인 나도 마찬가지였어요. 새로운 것에 도전하는 게 참 힘들었거든요.

생활지도부에 근무하면서 학생회를 담당할 때였지요. 학생회장 선거를 할 때 선거관리위원회에서 선거 장비를 빌려다 활용하면 좋겠다는 생각이 들었습니다. 그렇게 의견을 냈더니 예산 문제도 거론하고 아이들이 흠집이라도 내면 어떻게 하느냐고 반대했습니다. 이런 의견들이 무시당하면서 학교생활은 더욱 무기력해져 갔습니다. 뭐라도 하려고 하면 장애물이 나타났고, 나는 이 장애물을 극복할 힘이 없었습니다. 아이디어는 많았지만 다른 사람이 지나가며 툭 던진 말에도 그냥 무너져 내려 투덜대며 하루하루를 보냈죠.

1997년 5월 복도에서 마주친 박 선생님이 미국 연수 공문이 왔다며 보라고 했어요. 박 선생님과는 체육관에서 배드민턴을 함께하는 친구 같은 사이였지요. 다음 날 연수 신청서를 확인해 보니 자격증란이 눈에 띄었어요. 당시에는 교직 경력이 얼마 안 되어서 연수 신청을 안 했는데, 자격증란이 있는 것을 보고 한번 신청해 봐야겠다는 생각이 들었어요. 바로 신청했지요.

서울에는 11개 지역교육지원청이 있는데, 이 연수에는 각 지원청마다 한 명만 선발했습니다. 엄청난 경쟁률이었죠. 7월에 발표가 났는데 떡하니 선발된 것입니다. 이번 연수에서는 미국의 인성교육 프로그램 연수기관에 입소하여 자격증까지 취득해야 했고, 연수 후 학교에서 적용할 수 있는 사람을 선발하라는 지침도 있었다고 합니다.

참 신기하지요. 교육청 해외 연수를 교직 경력이 많은 순서가 아닌 방법으로 선발한 경우는 이때가 처음이 아니었을까 생각됩니다. 아이들에게 재미있는 시간을 보내게 해주겠다는 작은 생각이 씨앗이 되어 이렇게 엄청난 경험을 하게 될 줄 누가 알았겠습니까?

나는 작은 생각을 행동으로 옮겼을 뿐입니다. 그 바탕에는 '재미'라는 것이 큰 힘이 되었지요. 재미있다는 생각이 실제로 행동할 수 있도록 나의 마음을 열어주었습니다. 그것도 끊임없이 말입니다. 또 이전엔 무엇을 하더라도 안 된다는 생각이 강했는데, 점점 그런 부정적인 생각이 없어졌어요. '한번 해볼까?' 하는 마음으로 바뀌었지요. 하다가 부족한 부분이 보이더라도 '처음인데 뭐, 이 정도면 대단한 거야'라고 생각하며 계속할 수 있었어요.

행동을 하면 일단 집중하게 됩니다. 그렇게 집중해서 반복하다 보니까 내가 어느새 다음 계획을 짜고 있었어요. 그리고 관련된 사람을 만나거나 책을 찾아보면서 생각이 더욱 확대되었고 확신을 갖게 되었습니다. 단단해지는 것 같았어요. 그래서 주변 사람들이 무심코 뱉는 '뭐 하러 그런 거 하느냐'는 반대와 비판의 말에도 신경이 덜 쓰이기 시작했습니다.

도돌이표 같았던 일상이 달라지기 시작했어요. 마음속에 뭔지 모를 의욕이 생기기 시작했습니다. 이런 것을 두고 가슴이 뛴다고 하는 것일 겁니다. 내가 하는 말도 달라지기 시작했어요. 회의적인 감정에 지배받던 나의 내면에서 긍정적 단어가 튀어나오기 시작했습니다. 아이들에게도 이런 마음이 들도록 해주면 좋겠다는 생각이 들었어요. 쉽고 단순하고 재미있는 일을 할 수 있도록 동기를 부여해 주면 좋겠다고 말이지요.

학교에 다니는 수많은 나비들은 자신이 엄청난 날개를 가지고 있다는 것조차 잊고 있었습니다. 그 나비들에게 날갯짓할 수 있도록 도와주고 싶었어요. '나는 못한다'는 생각을 딛고 몇 번의 성공을 경험한 후 그런 부정적인 생각은 단지 생각에 지나지 않는다는 걸 알 수 있었어요. 그것은 정말 과거의 생각일 뿐이었어요. 내가 재미있다고 생각하자 대상이 다르게 보였고, 재미있으니 반복해서 행동하게 되었고, 그러다 보니 숙달되었어요. 나는 이 경험을 아이들에게 그대로 말해 주었어요.

내가 그냥 '할 수 있다'고 말로만 하면 아이들은 듣는 둥 마는 둥 마음을 닫았는데, 모험놀이 상담을 하고 나서 이 말을 하면 아이들은 마음을 열고 받아들였지요. 모험놀이 상담에는 순식간에 아이들을 과거가 아닌 지금 이 순간에 있게 만들고, '나는 못한다'는 생각을 날려버리는 마법이 숨겨져 있었습니다.

나는 만나는 아이마다 자기가 무엇을 좋아하는지 말하거나 쓰게 했어요. 자신을 알아가는 과정이에요. 일단 먹고 놀고 나서 좋아하는 일이 무엇인지 질문을 던지죠. 그리고 자신을 방해하는 것이 무엇인지 깨닫게 하고, 그것을 제거하기 위한 작업을 합니다. 하루에 20분 정도 산책을 하며 규칙적으로 혼자 있는 시간을 갖게 했습니다. 이런 경험을 한 친구들은 부정적인 생각이 사라지고 자기가 좋아하는 일이 문득 떠오르는 모양입니다. '이거다' 하고 말입니다.

또 나는 내가 실천했던 일들을 단순화했어요. 그래서 날갯짓할 수 있는 곳으로 안내하는 내비게이션을 장착하는 방법을 모두와 공유했습니다. 가야 할 방향이 정해지니 다가오는 일들에 불안해하던 마음이 없어지고 재미있게 대응할 수 있는 힘이 생기기 시작했어요.

쇠망치로
맞은 듯한
충격

○

'이렇게 편안하게 해도 되는구나', '간단
한 놀이도 상담이 되는구나', '상담을 이렇
게 시작할 수도 있겠구나' 하고 깨달았지
요. 교육에 대한 고정관념을 깰 수 있었습
니다.

1997년 8월 중순 뜨거운 여름날 김포공항에 해외 연수단이 모였습니다. 단장님을 비롯하여 초중고 선생님, 교육청 관계자, 기자 등 21명이 미국으로 출발했습니다. 우리의 최종 목적지는 포틀랜드 틸리컴 센터라는 곳입니다. 샌프란시스코를 거쳐 포틀랜드에서 차로 2시간 정도 간 기억이 납니다. 25년 전이지요. 30대 후반에 처음 외국에 가보는 것이었어요. 모든 게 설레고 가슴이 뛰었습니다.

연수장은 마치 천국 같았습니다. 아주 큰 나무와 호수가 있는 깊은 산속에 자리하고 있었습니다. 미국인 지도자 2명이 우리를 맞이했습니다. 그렇게 모험놀이 상담과의 만남이 시작되었습니다.

다음 날 아침 우리는 호숫가에 모였습니다. 미국인 지도자들이 우리를 원으로 서게 했습니다. 사실 나는 영어를 잘 못해 긴장하고 있었어요. 그런데 지도자들이 아주 단순한 영어를 사용하면서 거의 모든 것을 행동으로 표현해 주었어요. 또 통역자가 있어서 무엇을 말하는지 어느 정도 알아듣고 따라 할 수 있었습니다.

처음에 한 활동은 거울 체조입니다. 한 사람이 자기 마음대로 체조를 하면 다른 사람이 따라 하는 것입니다. 아주 간단하지요. 내 차례가 왔습니다. 그냥 지지개를 켰습니다. 모두 잘 따라 했습니다. 여기서 특이한 점은 한 사람이 체조를 하고 나면 우리는 모두 환한 얼굴로 웃으며 따라 한다는 것이었습니다. 나도 모르게 웃음이 나오고 재미있었습니다. 짧은 활동이지만 너무나 인상적이었습니다.

세계적인 작가 도스토옙스키의 《죄와 벌》에서 주인공 라스콜니코프는 전당포 주인을 살해하고 시베리아로 유배를 갑니다. 작가는 사람이 받는 벌 중 가장 큰 벌은 유배 동안 한 번도 기쁘지 않은 것이라고 했습니다. 내게는 미국에서 받은 교육이 기쁨을 찾아가는 계기가 되었습니다. 사실 전에는 하루하루 지내는 것이 그렇게 기쁘지 않았거든요. 나도 모르게 벌을 받고 있었던 것입니다. 나는 지금도 무슨 일을 할 때면 기쁜지 안 기쁜지를 알아차리려고 합니다. 일이 기쁘지 않다면 나의 욕심인 경우가 많았어요. 그러한 판단을 계속하면서 나는 점점 고정관념에서 벗어나 다양한 방법을 생각해 낼 수 있는 지혜를 갖게 되었습니다.

당시 한국에서의 단체 활동은 거의 군대 유격 수준이었습니다. 한 사람이 잘못하면 모두가 벌을 받던 시절이었으니까요. 그것을 당연하게 생각하고 있었지요. 속으로 불만이 있어도 이야기할 분위기가 아니었고요. 단체 활동은 먼저 철저하게 인원 파악을 한 후 엄하게 진행되었어요. 그래야 안전사고가 나지 않는다고 생각했던 것 같아요.

25년 전 틸리컴 센터에서의 교육은 여유와 웃음으로 시작되었습니다. 나는 이 시작을 너무나 감사하게 생각합니다. 사실 나는 무엇을 할 때 행동이 조금 느려서 다른 사람을 많이 의식하는 편입니다. 그리고 시작할 때 불편하면 무조건 도망가는 스타일이었죠. 처음 접할 때 느끼는 감정이 어떤 것을 새롭게 배우거나 새로운 사람을 사귀는 데 큰 장애물처럼 작용하고 있었습니다.

이러한 부정적 감정들은 거울 체조를 하면서 순식간에 사라졌습니다. 게다가 호기심도 생기고 동료와 선생님 사이의 어색했던 분위기도 풀렸습니다. 충격을 받았습니다. '이렇게 편안하게 해도 되는구나', '간단한 놀이도 상담이 되는구나', '상담을 이렇게 시작할 수도 있겠구나' 하고 깨달았지요. 교육에 대한 고정관념을 깰 수 있었습니다.

낯선 곳에서 다른 사람과 어떤 것을 해야 한다면 무조건 도망가고 피하던 습관이 사라졌습니다. 항상 밖을 향해 남 탓이나 하던 마음이 사라지자 안정감을 느끼게 되었습니다.

모험놀이 상담에 관심 있는 사람들에게 어떻게 하면 아이들이 그렇게 좋아하고 달라질 수 있는지 질문을 받습니다. 비결은 시작에 있었던 것입니다. 시작의 중요성을 내가 직접 체험한 것이죠. 미국 틸리컴 센터에서 받은 인상적인 첫 만남 때문에 나도 상담할 때 반드시 먼저 몸을 움직이는 상담으로 시작합니다. 그렇게 하면 마음이 열리게 되고 다음은 말할 필요가 없어요. 그냥 프리 패스입니다. 아이들의 마음 속에 있는 것을 그저 듣기만 하면, 아이가 말하다가 '아하!' 하면서 스스로 문제를 발견하는 모습을 보게 됩니다.

시작이 편하니 긴장감이 없지요. 안정감은 희망의 길과 연결되어 있어요. 아이들이 상담실에 오는 경우 대부분이 문제가 있어 오는 겁니다. 이 말은 과거가 현재를 지배하고 있다는 말이지요. 상담은 지난 과거를 이야기하면서 시작되는데, 문제는 아무리 과거를 이야기해 봤자 해결되는 게 아무것도 없다는 겁니다. 하지만 지금 이 순간 불편한 감정 없이 과거를 들여다보면, 과거로부터 자유로워지면서 다른 생각과 행동을 할 수 있는 힘을 갖게 됩니다. '그래, 이렇게 할 수도 있구나' 하는 생각이 드는 것입니다.

과거 없이 지금 이 순간의 아이들을 보면 모두 너무나 잘생겼습니다. 이야기해 보면 말을 얼마나 잘하는지 몰라요. 한 발짝 더 나아가 자신의 꿈을 이야기합니다. 한 발짝 밖에는 엄청난 자유가 숨겨져 있었습니다.

나는 아이들을 만나기 전에 꼭 운동을 하고 갑니다. 운동은 내 몸을 지금 이 순간에 있게 하는 데 도움을 줍니다. 같은 내용도 다르게 들을 수 있고 그 사람의 입장에서 이해하게 됩니다. 몸을 움직이는 일은 정말 중요합니다.

틸리컴 센터에서 받은 충격으로 나는 호기심이 끊임없이 발동했습니다. 부정적인 생각에서 벗어나 노트와 볼펜을 손에 들고 토씨 하나 빼놓지 않고 활동들을 적었습니다. 학교 다닐 때도 그렇게 공부한 적이 없는 것 같아요.

미국 연수를 마치고 학교에서 모험놀이 상담을 적용할 때, 이 노트가 큰 역할을 했어요. 어느 책에서 읽은 적이 있는데, 적자생존이라고 하더군요. 환경에 적응하는 생물만 살아남는다는 원래의 뜻이 아니라, 적는 사람만 살아남는다고 위트 있게 표현한 것이었죠. 저자는 이런 말도 했어요. 이순신 장군이 《난중일기》를 썼기 때문에 지금 우리 곁에 있는 것이라고 말입니다. 정말 동감합니다. 25년이 지난 지금도 내가 모험놀이 상담에 집중할 수 있는 것은 그때 그 활동들을 적었기 때문이에요. 쓰면서 그 활동에 더욱 관심을 갖게 되었고, 그 관심은 또 실천할 수 있는 자신감을 갖게 해주었지요.

나는 적는 게 습관이 되어 모든 것을 쓰는 사람이 되었어요. 그 결과 여러 권의 책을 출간했답니다. 글쓰기는 나에게 가장 어려운 것이었는데, 쓰다 보니 정말 기적 같은 일이 일어난 거예요. 똑같은 일을 다양하게 바라볼 수 있는 시각 또한 생겼어요. 매일 아침 문방구에서 산 노트에 그날 할 일과 어제 있었던 일 등을 썼어요. 그 효과를 직접 체험한 후 나는 사람들에게 자기 이야기를 하루에 20분 정도 써보라고 적극 권하고 있습니다.

그저 오늘 할 일을 적기 시작하면 그다음은 알아서 써집니다. 오늘 할 일과 관련하여 준비해야 할 것, 만날 사람에 대한 느낌 등이 생각나고 또 다른 새로운 아이디어도 떠오릅니다. 내가 무엇을 재미있어하는지, 무엇을 하고 싶은지, 어떤 사람을 불편해하는지 등을 알게 되고 동시에 해결책까지 발견하게 됩니다.

해외 연수를 단순히 좋았다고만 생각하고 지나갔으면 그동안 스쳐 간 수많은 일들처럼 내 기억 속에서 사라졌을 것입니다. 연수에서 느낀 재미를 기록하다가 모든 것을 적는 사람이 되었고, 그것은 모험놀이 상담을 발전시켜 아이들에게 적용할 수 있는 용기까지 갖게 해주었지요.

내가 경험해 보니 중요한 것은 재능이 아니라 용기였습니다. 새로운 것을 받아들이는 것부터 메모까지, 용기를 가지고 실천해 보니 어렵지 않았습니다. 여러분도 재능이 없다고 좌절하지 말고 용기를 내어 행동으로 옮겨보세요.

내가 변하기
시작했습니다

○

결정적으로 나의 변화를 이끌어낸 것은 빌
선생님의 지도 방식이었습니다. 움츠려·있
던 내 마음을 아는지 끊임없이 격려해 주었
어요. 내가 한 발 한 발 앞으로 나아가게 해
주었지요.

연수 프로그램 중에 포틀랜드 도시 탐험이 있었습니다. 포틀랜드로 가는 버스 안에서 여간 긴장되는 게 아니었습니다. 영어를 못해 걱정되었거든요. 도착하여 버스에서 내리자마자 인솔자인 빌 선생님은 우리를 생일 순서대로 서게 하더니 순식간에 네 팀으로 나누었습니다. 봄, 여름, 가을, 겨울 팀으로 말이에요. 누구와 같이하고 싶다는 생각을 할 틈도 없이 팀이 꾸려진 겁니다. 버스 안에서 했던 걱정은 언제 그랬냐는 듯이 생각도 나지 않았어요.

빌 선생님은 우리 팀에게 봉투를 하나 주었습니다. 그 안에는 일회용 카메라와 현금 30달러, 지도, 과제 지시서가 들어 있었습니다. 과제 지시서에는 분수를 찾아가 사진 찍기, 장난감 가게에서 인형 사기 등이 적혀 있었습니다. 팀원들과 지도를 보며 어느 곳에 먼저 갈지 상의했습니다. 바로 전까지 걱정하던 나는 어느새 사라져버렸어요. 영어 때문에 고민하던 나, 옆 동료들의 인상만 보고 판단하던 나, 그러한 나는 사라지고 새로운 내가 호기심에 들떠 동료들과 상의하며 재미있어하는 것이었어요. 걱정은 그냥 생각일 뿐이었습니다. 그 걱정대로, 그 생각대로 일이 진행되는 게 아니었습니다.

다른 사람과 잘 어울리지 못한다는, 오랫동안 가지고 있던 나에 대한 고정관념이 사라졌습니다. 이렇게 순식간에 사라질 수 있는 고정관념이 그동안 좋지 않은 방향으로 나를 통제하고 있었던 것입니다. 무슨 일을 할 때마다 남을 의식했고, 그 의식이 꼬리에 꼬리를 물고 부정적인 생각들을 떠올리게 했거든요. 그런데 그런 생각을 할 틈이 없으니 표정이 밝아졌지요. 웃게 되고, 몸도 가벼워지고, 활동이 자연스러워졌어요. 무엇이든 할 수 있겠다는 생각이 들었어요. 변화의 시작이었지요.

이것을 '내면의 변화'라고 말하고 싶어요. 그동안 부정적인 생각에 꼼짝 못 하고 감정에 치우치게 했던 그림자가 사라지자 모든 것이 달라지기 시작했습니다. 다른 생각 없이 있는 그대로 그 순간에 집중할 수 있었고, 다른 사람을 의식하지 않고 행동할 수 있게 되었어요.

모든 활동은 팀별로 이루어졌어요. 낯선 외국 도시에서 우리는 여기저기 다니면서 도전을 즐겼습니다. 다음 날에는 또 무엇을 할지 궁금해졌지요.

아침 안개가 피어오르는 호숫가에 빌 선생님이 먼저 와 있었습니다. 등산용 줄로 큰 원을 만들더니, 우리에게 둥글게 서서 옆 사람 손을 잡으라고 했습니다. 그리고 손과 손을 잡은 사이에 줄로 만든 원을 끼우고 한 명씩 그 원을 통과하며 한 바퀴 돌라고 했습니다. 규칙을 들은 우리는 상의한 뒤 바로 행동으로 옮겼습니다. 모두가 하나가 되었습니다. 다른 생각 없이 그저 주어진 과제를 몸으로, 그리고 경쟁 없이 함께 해결했습니다. 의견을 모아 과제를 해결하고 나면 누구라고 할 것 없이 박수를 쳤습니다. 얼굴에는 만족스러운 미소가 떠올랐지요.

모험놀이 상담이 지닌 가장 큰 가치는 비경쟁 협동놀이라는 것이었어요. 살아가면서 누구를 이겨야 했고 문제가 생기면 남을 탓하며 힘들어하던 나는, 그때 처음으로 함께 해결하며 맛볼 수 있는 쾌감을 온전히 느꼈습니다.

한 사람이 줄을 통과할 때면 옆 사람이 도와주었고, 누군가 통과할 때마다 함성이 절로 터져 나왔습니다. 함께하는 미션을 통해 협동의 성취감을 느꼈습니다. 태어나서 처음 느껴보는 감정이었습니다. 잔뜩 경계하면서 잘할까 못할까 두려워하던 마음이 사라졌고, 그 방어기제가 사라진 자리에는 동료에 대한 친근감이 새롭게 자리했습니다. 동료애는 활동을 수행하는 데 엄청난 도움이 되었지요.

이렇게 매일 하루에 10개 정도의 활동을 했습니다. 내 이름을 색다른 방법으로 알리는 활동, 나를 표현하는 별칭을 꽃에 비유하여 만드는 활동, 공동의 문제를 해결하는 활동, 몸으로 도전해야 해결할 수 있는 활동 등 다양한 난이도의 과제들을 수행했는데, 살면서 이렇게 공부가 재미있던 적은 처음일 겁니다.

아이들과 재미있게 지내고 싶다는 내 생각의 날개가 움직이기 시작했어요. 작은 날갯짓이지만 스스로 하고 있다는 것이 중요했지요. 그 누구도 시키지 않았고 시험을 보는 것도 아니었어요.

결정적으로 나의 변화를 이끌어낸 것은 빌 선생님의 지도 방식이었습니다. 움츠려 있던 내 마음을 아는지 끊임없이 격려해 주었어요. 활동을 할 때마다 진심 어린 표정으로 "엑설런트Excellent"를 연발했습니다. 내가 한 발 한 발 앞으로 나아가게 해주었지요. 이전에는 이런 격려를 받아본 적이 없었습니다. 게다가 무엇을 하고 나면 잘했는지 못했는지 항상 비교하려 했던 나는 더 큰 감동을 받았지요. 나는 해야 할 일들이 장애물로 느껴질 새도 없이 먼저 도전할 수 있게 되었습니다.

이때의 경험이 학교에서 모험놀이 상담을 하는 데 엄청난 도움이 되었어요. 학교생활을 힘들어하는 친구들과 처음 만나는 자리에서 그들의 마음을 여는 데 이 경험이 결정적 역할을 한 것이지요. 아이들이 교장실에 오면 무조건 모험놀이 상담을 했어요. 생각할 틈을 주지 않았어요. 혼나러 왔다가 이렇게 놀고 나면 자기가 여기 왜 왔는지도 몰라요. 그냥 지금 이 순간 우리는 그 자체로 마주한 거예요.

교장실에서 가장 많이 했던 활동은 '발목을 붙여라'입니다. 발목을 붙인 채 4미터 정도 앞에 있는 목표까지 이동하는 활동이에요. 이인삼각인데 발에 줄을 매지 않는 겁니다. 성공하기 위해서는 자연스럽게 서로 팔짱을 껴야 하고 발등에 힘을 주어야 해요. 그렇게 목적지까지 한 발 한 발 이동하면서 나는 "엑설런트", "와, 잘하는데", "정말 잘하는데"를 수도 없이 외칩니다. 그런데 아이들이 진짜 잘해요. 몇 발만 움직이면 긴장감이 풀리고 자유로워져요. 서로 낀 팔짱에서 그것을 느껴요. 그러면 마음이 열려 과거를 모두 털어놓게 되고 교장실을 나갈 때는 새로운 아이가 되어 있습니다.

놀이를 하며 내가 순간순간 하는 칭찬은 그동안 아이들이 가정이나 학교에서 받지 못했던 지지와 격려입니다. 아이들은 밝은 표정과 활발한 움직임으로 화답합니다. 내가 걱정하고 염려했던 것들이 사라졌듯이, 아이들도 그런 가벼운 마음이 되는 거예요. 이때 이런저런 이야기를 하면 모든 것이 술술 풀립니다. 시간도 그렇게 많이 걸리지 않아요.

점점 소문이 났습니다. 하루에 100여 명이 찾아왔어요. 정말이냐고요? 그럼요, 진짜입니다. 100명이라는 숫자는 모험놀이 상담이 진화하는 데 영양소가 되었어요. 교장 시절 내내 끊임없이 변화할 수 있었던 엄청난 재료였죠.

아이들은 놀고 나면 방어기제가 제거되었어요. 내가 방어기제라는 용어를 자주 쓰죠? 정신분석학자 프로이트는 사람에게 불안으로부터 자신을 보호하려는 심리적 방어기제가 있다고 했습니다. 억압, 부정, 퇴행, 합리화 등 자신을 보호하기 위해 무의식적으로 스스로를 속이고 회피하는 사고 및 행위를 말합니다.

자신을 방어하기 위해 사용하던 부정적 에너지가 사라진 뒤에는 엄청난 긍정적 에너지를 뿜어냅니다. 방어하는 데 쓰던 에너지를 자신의 꿈을 위해 쓰기 시작하는 것이지요. 아이들에게 이런 경험을 많이 하게 해주고 싶었어요. 또한 부정적인 감정은 맞서 싸우지 않으면 언제 우리를 공격할지 모릅니다. 그 공격을 방어하는 데 놀이만 한 게 없어요. 그래서 놀이를 아이들에게 실제로 적용하면서 새로운 프로그램을 하나씩 만들어갔습니다.

교장실은 완전히 모험상담연구소가 되었어요. 여기서 또 한 번 내 생각의 변화가 이루어집니다. 전에는 회의 중에 아이들이 오면, 지금 바쁘니 다음 쉬는 시간에 오라며 아이들을 돌려보냈어요. 내 일이 먼저였던 거죠. 하지만 학교에서 아이들을 만나는 일보다 더 중요한 일은 없다고 생각하게 된 이후로는 회의를 미루고 아이를 먼저 맞이했습니다. 또한 사고를 쳤거나 문제가 심각한 아이가 오면 피하고 싶은 생각이 들었는데, 생각을 바꾼 후로는 문제가 심각하면 심각할 수록 더욱 의욕이 솟았습니다.

생각의 변화는 학교에서의 내 정체성, 즉 나는 누구인가, 나는 무엇을 해야 하는가를 정확하게 깨달았기 때문에 이루어진 것입니다. 이 생각의 변화로 인해 아이들과 함께하는 방법을 끊임없이 좌절하지 않고 공부할 수 있었습니다. 그리고 내가 변화하니 아이들도 변하고 선생님들도 달라졌습니다.

나의 내면에 엄청난 변화가 일어난 것입니다. 내 날개에 힘이 생기기 시작했어요. 자고 일어나면 아이들을 상담할 생각에 가슴이 뛰었어요. 가슴이 움직이자 새로운 방법이 문득문득 떠올랐어요. 발목을 붙이고 이동하는 활동을 할 때, 한 사람은 안대를 하고 해봅니다. 안대 쓰는 사람을 바꿔서도 해봅니다. 와, 아이들이 찬찬하게 길을 안내해 주는 거예요. 함께 성공하고 나서 외치는 함성이 학교 전체로 울려 퍼졌습니다.

나 스스로도 내가 전과 다르다는 것을 알아차렸어요. 많은 아이를 만나는데도 피곤하지 않았어요. 글을 잘 못 쓴다는 부정적인 생각을 하고 있었는데, '그래, 다 잘 쓸 수는 없어' 하고 마음을 고쳐먹은 순간 마음이 편해졌어요. 어느 날부터 상담 방법도 바뀌었어요. 아이들에게 쓰게 하는 것이었지요.

이 방법은 아이들의 속마음을 들여다볼 엄청난 기회가 되었어요. 놀고 나면 지금 이 순간의 기분을 물어봅니다. 그리고 그 기분을 종이에 한 문장으로 쓰게 하죠. 그러고 나서 그 감정을 추적하는 겁니다. 아이가 지금 기분이 '좋다'고 하면, 과거에는 언제 기분이 좋았는지 세 가지만 써보라고 합니다. 어릴 때 부모님과 함께 놀았던 것이 가장 기억에 남는다고 말하는 아이들이 많았습니다. 그리고 '좋다'의 반대를 묻습니다. 그러면 '싫다', '재미없다' 등 그 아이만의 단어로 대답합니다. '싫다'라고 말하면 싫었던 적 세 가지를 쓰게 합니다. 부모님이 이혼했을 때, 친구들에게 따돌림당했을 때 등 이제껏 쉽게 말할 수 없었던 일들을 이야기하게 되죠. 쓰다 보면 아이 나름대로 정리가 되는가 봐요. 그 정리는 새로운 힘을 갖게 해줍니다. 나는 그저 색안경을 벗고 있는 그대로 보면 됩니다.

나는 집중력을 가지고 아이들을 보면서 순간순간에 맞는 질문을 합니다. 그리고 아이들은 과거에 있었던 일과 행동에 관해 글로 씁니다. 쓰다 보면 아이들 스스로 내면을 관찰하게 됩니다. 편안한 마음으로 과거를 바라보며 반성과 후회도

하고 새로운 희망도 품게 됩니다. 또 자연스럽게 긍정적인 의식이 확대되지요.

세상을 바꾼 과학자들도 대부분 이런 과정을 거쳤습니다. 1962년 노벨 생리학상을 수상한 제임스 왓슨은 버드워처 birdwatcher였습니다. 아버지로부터 《새와 함께하는 여행》이라는 책을 선물 받고 새를 관찰한 내용을 꼼꼼하게 기록했다고 합니다. 새를 관찰하는 것으로 시작된 과학적 호기심이 나중에 DNA 이중나선 구조의 발견으로 이어지게 된 것이죠.

이렇게 관찰하고 기록하는 습관은 상상할 수 없는 큰일의 토대가 됩니다. 어떤 것의 본질을 알아가고 찾아가는 일은 진정한 창의적 과정입니다. 결국 자신이 가장 잘할 수 있는 것을 찾는 일이기도 하고요. 또 하나 신기한 것은 이렇게 내면을 대상화하여 진지하게 관찰하다 보면 그동안 보이지 않았던 일들이 새롭게 보인다는 점입니다.

아이들과 모험놀이 상담을 하면서 나는 대상을 다르게 보는 힘이 생기기 시작했습니다. 어느 날 복도에서 술에 취한 아이가 선생님과 다투고 있는 것을 보았어요. 아이는 고래고래 소리를 지르고, 선생님은 말세라며 경찰을 부른다고 하고요. 분위기가 점점 더 험악해지는 거예요. 안 되겠다 싶어 아이를 교장실로 데리고 왔어요. 아이가 흐느적거리며 소파에 앉았습니다. 물을 한 잔 주었어요. 한참을 말없이 앉아 있다가 내가 어떻게 된 거냐고 물었죠.

아이는 고개를 들지 못하고 숙인 채로 웅얼거리듯 말했어요. 엄마 아빠의 병환으로 어릴 때부터 자기가 생계를 책임져야 했다고 합니다. 그래서 안 해본 아르바이트가 없다고 합니다. 요즘은 갈빗집에서 밤새워 아르바이트하는데 새벽녘에 술 취한 손님들이 억지로 술을 마시게 해서 못 마시는 술을 마시고 취했다는 겁니다. 집으로 갈까 하다가 그래도 학교는 와야겠다는 생각에 왔다는 겁니다.

나는 순간 많은 생각이 머리를 스쳐 지나갔습니다. 그동안 고정관념에 사로잡혀 겉으로 보이는 행동만 보고 아이들을 판단했다는 생각에 말할 수 없는 미안함을 느꼈습니다. 그 뒤로 절대로 행동만 보고 판단하지 않겠다고 다짐했습니다.

이런 생각을 뒷받침해 주고 실제로 실천하게 만들어준 것이 바로 모험놀이 상담입니다. 보통은 생각에 머물게 되고 시간이 지나면 잊어버리는데, 모험놀이 상담이라는 멋진 도구를 알게 되어 생각을 행동으로 옮길 수 있었습니다.

교장실이라는 활동 공간이 생긴 것도 행운이었어요. 교장실을 찾은 아이들에게 항상 먹을 것을 주고 그다음에 놀았습니다. 사탕도 주고, 과자도 주고, 초코파이도 주고. 그렇게 먹고 놀고 나면 정말 많은 이야기를 들을 수 있었지요. 놀이도 매일매일 진화했습니다. 같은 날이 없었어요. 당황스러울 정도로 에너지가 넘쳤죠. 참신한 생각들이 마구 떠올랐습니다.

　놀이를 하고 나면, 아이들에게 과거에 왜 그런 행동을 했는지 말하게 합니다. 말하다 보면 다른 사람을 탓하는 것에서 벗어나 자신에게 문제가 있다는 것을 인정하고 스스로 해결책을 찾게 되지요. 나는 이 상태를 수용이라고 보았어요. 부정적인 감정으로 닫혀 있던 마음이 펑 하고 열리는 것이지요. 놀이의 힘을 통해 아이들이 변화하는 모습을 보면서 뭐라 형언할 수 없는 기쁨을 느꼈습니다. 자신감도 생겼고요.

　'나는 정말 행운아다'라는 말을 자주 하는데, 가장 큰 행운은 아이들 앞에 있을 때 내가 어떠한 이해타산도 따지지 않는다는 사실을 안 것입니다. 그렇습니다. 마치 〈흥부와 놀부〉에서 흥부 같은 마음이에요. 흥부는 때론 바보 같다는 생각이 들기도 하고 남들로부터 무시당하지만, 보상을 바라지 않고 제비 다리를 치료해 줍니다. 홍부가 그저 제비 다리를 치료해 주었듯이, 나도 그저 아이들과 놀았어요. 그러면 아이들이 스스로 치유되는 것이었어요.

선택에 의한
도전

○

'선택에 의한 도전'을 학급을 운영할 때 적
용해 보았습니다. 무슨 일을 할 때마다 충
분히 설명해 준 다음 선택할 수 있는 여지
를 주었지요. 선택할 기회가 생기자 아이
들은 마음을 열고 스스로 생각하고 그 생각
에 책임을 지는 거예요.

나는 모험놀이 상담에 푹 빠졌습니다.
아주 깊숙이 빠졌습니다. 그동안 공부할 때에는 마음이 항상
다른 곳에 가 있었어요. 이론 공부할 때 특히 그랬죠. 그런
데 모험놀이 상담을 공부하면서부터는 궁금해지기 시작했
어요. 실습 내용이 잘 정리된 책이 있는지도 궁금했고, 누가
이런 기가 막힌 놀이를 교육과 접목했을까 하는 생각도 들
었어요. 낮에는 실제로 모험놀이 상담을 실습하고, 저녁에는
궁금한 것을 찾아보느라 정신이 없었어요.

그중에서 나에게 가장 큰 영향을 미친 것은 바로 '선택에
의한 도전'이라는 말이었어요.

우리를 지도했던 빌 선생님은 정말 지겨울 정도로 항상 선택하게 했어요. 우리에게 각자의 수준에 맞는 목표를 세우라고 했어요. 그리고 어떤 활동이든 하려는 마음이 들 때 해도 된다고 강조했지요. 그것은 내가 생각했던 지도 방식과 가장 큰 차이이기도 했죠. 정해진 시간에 모두가 참여해야 하고 못하더라도 열심히 해야 한다는 생각을 가지고 있던 나는, 지도 방식에 대해 다시금 생각하는 시간을 갖게 되었어요.

나는 몸이 둔하다는 생각을 가지고 있었어요. 실제로도 몸으로 하는 일은 다른 사람보다 많이 늦는 편입니다. 그러니 무슨 일을 할 때마다 죄짓는 기분이었어요. 하고 나서도 이렇게 할 걸 하고 후회했어요. 다른 사람 눈치도 많이 봤지요. 눈치 보기 싫으니 아예 그런 일을 만들지 않으려고 했고요. 내가 할 수 있는 수준과 실제 행동 사이에 항상 갈등이 생겨 힘들었습니다.

그런데 빌 선생님은 활동을 시작하기 전에 모든 참가자에게 각자의 수준에 맞게 선택해서 도전할 수 있다고 강조했어요. 그 말은 잘하는 사람에게도 다른 사람을 배려하는 마음을 갖게 했어요. 좀 못하더라도 배려받으며 활동할 수 있는 분위기가 조성되어 신선하게 느껴졌어요.

이런 느낌이 큰 차이를 만들어낸다는 것을 빌 선생님의 지도 덕분에 알게 되었어요. 조금 늦더라도 아주 잘할 수 있는 사람이라는 것도 깨우쳤지요. 내 수준에 맞게 기다려주는 사람이 있다는 것이 얼마나 큰 위안이 되는지 모릅니다. 마음이 편해지면 말과 행동도 자연스러워집니다.

'선택에 의한 도전'을 학급을 운영할 때 적용해 보았습니다. 무슨 일을 할 때마다 충분히 설명해 준 다음 선택할 수 있는 여지를 주었지요. 상담할 때도 적용해 보니 아이들의 반응이 달라졌어요. 아이들이 적극적으로 참여하는 겁니다. 그렇게 거칠던 아이가 순둥이가 되었어요. 선택할 기회가 생기자 아이들은 마음을 열고 스스로 생각하고 그 생각에 책임을 지는 거예요. 복잡해 보이는 일도 단순해졌어요. 상담은 항상 서로를 인정하며 기쁘게 마무리되었어요. 이런 경험들로 인해 나는 꾸준히 선택을 활용했고 재미를 뛰어넘어 전문성을 갖게 되었습니다.

'선택에 의한 도전'을 적용한 효과는 내가 가장 크게 보았습니다. 내가 옳다고 주장했던 일이 틀렸다는 게 눈에 보이기 시작했습니다. 아마 다이내믹한 교직 생활을 평화롭게 할 수 있었던 이유도 '선택에 의한 도전'을 적용했기 때문일 겁니다. 되도록 내 생각은 내려놓고 상대에게 선택하게 하려고 노력했어요. 물론 마음이 불편할 때도 많았지요. 하지만 지나고 보니 그것은 내가 치러야 할 대가 중에서 가장 쉬운 일이었어요. 만약 더 고집을 부렸더라면 상황이 정말 복잡해졌을 겁니다.

내 삶의 큰 원칙인 '선택에 의한 도전'을 마음속으로 더 확고하게 받아들이게 된 계기가 있습니다. 1998년 뉴멕시코 산타페마운틴 센터에서 연수를 받을 때입니다. 나는 운이 좋게 1997년에 이어 1998년에도 미국에서 모험놀이 상담 연수를 받을 수 있었습니다. 뉴멕시코 산타페마운틴 센터는 사막 지역에 있었습니다. 인디언 선생님의 지도를 받았지요.

연수 일정 중에 암벽 등반이 있었습니다. 일정표에서 봤을 때부터 걱정했는데, 버스를 타고 암벽장에 도착해서 보니 끝이 안 보일 정도 엄청난 암벽이었습니다. 그렇게 큰 암벽은 처음 보았지요. 나는 심리적 공황 상태에 빠졌습니다. 저걸 어떻게 올라가야 하나 안절부절못했지요. 다른 동료들이 등반 장비를 몸에 두르고 한 명씩 오르기 시작했어요. 내 차례가 왔습니다. 이미 나는 내 의지로는 어떻게 할 수 있는 상태가 아니었어요. 못 하겠다는 말이 목까지 올라왔지만 차마

꺼내지 못하고 암벽에 손과 발을 올렸죠.

암벽 중간까지는 정신없이 올라갔어요. 그런데 중간 지점에서 고난도 암벽을 마주한 거예요. 튀어나온 바위 때문에 위를 볼 수가 없었습니다. 그 지점을 통과해야 정상에 올라갈 수 있는데 말이지요. 나는 거기서 정신줄을 놓았습니다. 공포감에 휩싸였어요. "거길 잡아라", "발을 저기로 디뎌라" 하는 소리가 아래로부터 들려왔지요. 하지만 나는 팔과 다리, 몸 전체가 마비된 것처럼 꼼짝할 수 없었습니다. 결국 도르래를 이용해 밑에서 당기고 위에서 끌어서 나를 정상까지 올려주었습니다. 이삿짐 냉장고 옮기듯 옮겨졌지요. 그렇게 암벽 등반을 마치고 내려왔는데 살면서 최고로 창피했던 순간이었습니다. 죄인 같았어요.

일정표에는 다음 날에도 로프 코스 일정이 있었습니다. 10미터 높이의 기둥에 올라가 다른 기둥에 매여 있는 목표물을 터치하는 활동이었습니다. 당황하였지요. 그런데 인디언들이 성인식을 치를 때 하던 '용기의 기둥' 활동이라는 설명을 듣고, '그래, 나도 이제 두려움을 극복하고 성인이 되어보자'라고 생각했습니다. 내 마음속으로 들어오는 두려움이 느껴졌습니다. 하지만 그 두려움에 빠지지 않고 용기의 기둥을 한 발 한 발 올라가기 시작했습니다. 해야겠다는 선택을 한 뒤로는 눈앞에 있는 지금 이 순간에 최선을 다하려고 했습니다.

두려운 마음을 따라가지 않으니 더 이상 두려움이 느껴지지 않았어요. 암벽에 매달려 두려움에 떨었던 때와는 달랐습니다. 두려움 대신 약간의 쾌감 같은 것도 느껴졌습니다. 그리고 용기의 기둥 위에 서서 앞에 있는 목표물을 치기 위해 몸을 던지는 순간 엄청난 빛이 내 몸속으로 들어오는 것 같았습니다.

나의 인생에서 내가 가장 큰 변화를 일으키게 된 사건입니다. 다른 사람을 의식하고 조금만 두려움을 느끼면 마음을 닫고 피하던 내가, 두려움도 그저 행동으로 옮기는 선택을 하는 순간 사라진다는 것을 몸과 마음으로 받아들였지요.

보통 어릴 때 개에게 물린 사람은 그때 느낀 두려움으로 개가 근방에만 와도 두려움을 느낍니다. 개를 싫어하고 무서워하는 사람으로 고정돼 버린 것이지요. 이런 사람에게 필요한 '선택에 의한 도전'은 과거의 경험에서 유발되는 긴장감을 떨쳐내고 개 옆을 한번 지나가 보는 것입니다. 쉽지 않겠지만 그렇게 선택하고 행동으로 옮기면, 평생 개만 보면 두려움에 떨어야 했던 삶에서 자유로워집니다. 한 가지 두려움이 해소되면 다른 모든 두려움도 같은 이치로 벗어날 수 있지요. 두려움은 그저 단어일 뿐입니다. 그 사실을 알게 되면 해방이 되는 것입니다.

내 삶에 엄청난 변화가 생겼습니다. 자신감이 생겼어요. 무슨 일이든 '그래, 하다가 안 되면 말지 뭐' 하는 마음으로 일단 해보았어요. 특히 '선택에 의한 도전'은 교장으로 행정 일을 할 때 탁월한 효과가 있었습니다. 일 처리 시스템을 모두가 선택할 수 있는 방식으로 바꾸었어요. 어떤 일을 시작하기 전에 5명의 대표 선생님이 자유롭게 의견을 받은 후 3개 정도로 압축합니다. 그것을 공개해 모든 선생님에게 선택하게 하고 가장 많이 선택받은 쪽으로 진행하는 겁니다.

선택에는 엄청난 마법이 숨겨져 있다는 사실을 현장에서 직접 확인했습니다. 일단 선택은 무기력에서 벗어날 수 있도록 동기 부여를 해줍니다. 그리고 선택하는 과정에서 이루어지는 소통은 일어날 수도 있는 갈등을 긍정적 에너지로 바꿔주지요. 또 내가 선택한 일이 아니더라도 진행될 수 있다는 걸 알게 되는 것도 좋은 경험입니다. 무엇보다 최고의 긍정적 효과는 구성원들이 방관자로 머물지 않고 주인의식을 갖게 된다는 것이지요. 그러니 어떤 일도 안 될 일이 없는 거예요. 안 되어도 재미있어요. 다음이 또 있으니까요. 아무리 복잡한 일도 단순화되었고, 막연하게 느끼는 부정적 생각으로부터 구성원들을 구제해 주었어요. 실제로 너무나 감사한 순간들이 많이 만들어졌습니다.

'선택에 의한 도전'으로 인해 어쩔 수 없이 내가 포기해야 하는 상황도 있었습니다. 물론 포기할 때는 마음이 불편하고 여전히 내가 옳다고 생각하지만, 그 순간만 잘 넘기면 더 큰 에너지를 경험할 수 있습니다. 교장이라는 직위를 이용하지 않고도 사람들의 마음을 살 수 있었죠. 그리고 내 생각의 길만 있는 게 아니라 전혀 예상치 못한 뜻밖의 길도 있다는 사실을 알게 되었어요. 어떤 일도 화나 강제 등의 방법을 사용하지 않고 선택할 수 있다는 마음은 매일 새로운 자극이 되고 기쁨을 가져다주었습니다.

나는 명상을 하게 된 이후로 시간이 날 때마다 해야 할 일의 목록을 정리합니다. 이는 변화하는 나의 모습을 확인할 수 있는 아주 중요한 아침 일과이지요. 주중에는 목록 중 한 가지를 실천하며 의식적으로 '선택에 의한 도전'을 연습했어요. 특히 일요일 저녁에 이번 주 했던 일과 다음 주 해야 할 일을 정리하다 보면 순간순간 영감이 떠올랐습니다. 쓰다 보면 내가 무엇을 해야 즐거운지를 알 수 있었어요. 그리고 일의 성격에 따라 계획을 조정할 수 있어서 부담스러운 일이 줄어들었고, 선택으로 집중할 수 있는 능력도 생겼어요. 아마도 부정적 감정에서 벗어난 것이 가장 큰 수혜일 겁니다.

이 선택이 어느 날 인생의 불씨가 됩니다. 모든 사람에게는 자기만의 불이 있다고 생각합니다. 인간은 불을 사용하면서 뇌가 발달했어요. 생고기를 소화하는 데 사용했던 에너지를 익힌 고기를 먹으며 다른 곳에 사용할 수 있게 됨으로써 여유가 생긴 것이지요. 선택은 자신만의 불을 가질 수 있는 불씨가 됩니다.

나는 모험놀이 상담을 하면서 복잡했던 일들이 정말 단순해졌어요. 마음에 여유가 생기기 시작했으며, 다른 사람의 행동을 보고 성급히 판단하는 오류를 줄여갔습니다. 그리고 내가 좋아하는 노래와 놀이에 확신을 가지고 도전하겠다는 선택을 했습니다. 그 선택이 나의 불이 되었답니다.

매일 100명씩
찾아오는
교장실

O

교장실이라는 공간에 변화가 생긴 겁니다.
공간이 변화하자 그 변화에 맞추어 의미도
변하기 시작했어요. 교장실이라는 딱딱한
이미지의 행정 공간을 모두가 함께할 수 있
고 자신을 발견하는 공간으로 만들기 시작
했어요.

교감으로 근무했던 직업학교에 운이 좋게 교장으로 발령을 받았지요. 교장으로 발령받고 제일 먼저 한 것이 교실마다 도는 일이었어요. 아이들의 마음을 열기 위해서였죠. 혼자서 조용히 27개 학급을 돌았어요. 내가 정한 원칙이 있었습니다. 교실에 들어가지 않는다. 그리고 10초 내로 끝낸다. 그래서 교실 문을 열고 아이들을 보며 "내가 누구냐?"라고 묻고 대답하든 말든 "교장 선생님이다"라고 말하고는 "웰컴이다. 오늘도 굿모닝" 하고 인사하고 다음 반으로 이동했어요. 학교 건물이 세 동 있었는데, 전체 도는 데 20분 정도 걸렸어요. 아이들이 제일 많이 와 있는 8시 10

분에 돌았지요.

이렇게 일주일을 돈 후 다음 주에는 말을 바꾸었지요. "누가 우리 학교에서 제일 잘생겼느냐" 같은 우스갯소리를 했어요. 그렇게 3주 차가 되자 복도에서 나를 보면 아이들이 편하게 인사하기 시작했어요. 그럼 나는 손을 내밀고 하이파이브를 했습니다. 한 달 정도 지나서는 "얘들아, 교장실에 놀러 오너라. 커피와 초코파이 무제한으로 준다"라고 했지요. 아이들이 "정말이에요?"라고 되물으면 "와보면 알아" 하면서 계속 호객행위를 했지요.

"진짜요?" 하고 묻는 아이들이 많아졌고, 쉬는 시간에 교장실 문을 열고 삐죽이 들어오는 아이들이 생겼어요. 이때가 정말 중요합니다. 나는 마치 군대 간 아들이 첫 휴가를 나온 것처럼 반가워하며 하던 일을 멈추고 아이를 자리에 앉혔습니다. 커피와 초코파이를 주었지요. 그리고 지나가는 말로 오늘 기분은 어떤지, 집에는 별일 없는지 같은 서로의 이야기를 했어요. 옷이 좋아 보이면 누가 사주었는지, 아침은 먹고 오는지, 아침을 먹었으면 누가 차려주는지, 엄마가 차려주었다면 "와, 좋은 엄마네" 하고 농을 던지며 같이 웃었습니다.

다른 일을 하고 있을 때 아이들이 오더라도, 그 일을 미루고 아이들을 만났어요. 아이들을 보면 무엇이 중한지 알 수 있거든요. 아마 꾸준히 상담하면서 아이들이 예뻐 보였던 모양입니다. 나는 아이들을 분별하지 않았어요. 공부를 잘하니 못하니 하는 그런 분별심이 없었어요. 알 수도 없었고요. 그저 교실마다 돌면서 오라고 해서 온 아이들이었기에 있는 그대로 대했어요.

내가 다른 일에는 욕심도 많고 경쟁도 하려 하는데, 아이들 앞에서는 참 순수해지는 것을 알게 되었지요. 어떤 때 가장 나다운지를 알게 된 것이에요. 이런 상태를 만들려고 나도 모르게 교실을 도는 아이디어를 냈던 것 같아요. 모든 것이 다 연결되는 것 같았습니다. 작은 날갯짓을 계속했지요. 희한한 것이 에너지가 넘쳤어요. 다른 사람들의 시선도 두렵지 않았어요. 다른 사람에게 피해를 주지 않으려고 나 혼자 할 수 있는 일을 했습니다. 한 바퀴 돌면서 아이들을 만나고 오면 에너지가 충전되면서 알 수 없는 힘이 났고 재미있었어요.

분별 없이 보니 아이들도 편했고 나도 편했습니다. 그렇게 아이들이 한 명 두 명 교장실에 오기 시작했지요. 한 명이 와서 즐거우니 다른 아이에게 소개해서 한 반 전체가 다 왔다 가는 거예요.

사놓은 초코파이가 금방 동이 났습니다. 그런데 놀라지 마세요. 어느 날 오리온에서 거의 무제한으로 초코파이를 제공해 주겠다는 연락이 와서 정말로 초코파이를 무한 리필할 수 있었습니다. 나는 농담으로 초코파이는 정情이 아니라 상담이라고 말했죠. 나는 기적을 믿습니다. 믿을 수밖에 없었어요.

두 달이 지난 후 나는 교실을 돌면서 전교생 한 명 한 명을 만나 내 명함을 손에 쥐어주었답니다. "선생님 이번에 국회의원 나간다." "진짜요?" "아니, 가짜야." 깔깔 웃으면서 명함을 돌렸어요. 아이들과 직접 촉각으로 교감한 것입니다. 사람의 느낌 중 촉감만큼 강력한 것이 없어요. 촉각은 가장 가까운 거리에서 할 수 있는 것이에요. 국회의원들이 선거운동을 할 때 그렇게 악수를 많이 하는 것이 그래서 그런 겁니다. 모험놀이 상담도 기본적으로 그 원리를 바탕으로 하죠.

진심으로 건넨 명함은 그렇게 힘들었던 학교를 안정화시키는 데 보이지 않게 엄청난 역할을 했다고 생각합니다. 정말 믿지 못할 일은 전교생에게 준 명함이 한 장 정도는 쓰레기통이라든가 어딘가에 버려졌을 텐데 그렇지 않았어요. 아이들은 지갑 속에 있다고 하거나 집 냉장고에 붙어 있다고 했습니다. 학부모 총회 날, 아이가 교장실에서 차도 마시고 교장 선생님 명함도 받았다고 자랑스럽게 이야기했다는 어머니의 말씀에 기분이 좋았어요. 학교를 믿는 바탕이 된 거지요. 아이들이 졸업한 지금도 군대 간다고, 취직했다고 전화가 오는데 다 그때 나누어준 명함 덕분입니다.

교장실에 찾아오는 아이들과 매일 함께 놀았어요. 하지만 그냥 노는 데에는 한계가 있더라고요. 그래서 둘이 하는 모험놀이 상담을 해보았어요. 일단 시작하고 나니 아이디어가 머릿속에 계속 떠올랐어요. 가장 많이 한 것이 '발등을 밟아라'인데, 서로 손을 잡고 발등을 먼저 밟으면 이기는 활동입니다. "선생님 발등을 진짜 밟아도 돼요?" "당연하지." 그렇게 시작하면 아이는 이내 놀이에 빠져버립니다. 이기고 싶어 합니다.

이 활동은 힘들어서 오래 하지 못합니다. 활동을 세 판 하는데, 그러고 나면 우리는 오래된 친구가 됩니다. 활동 시간은 3분 정도 걸립니다. 이보다 더 효율적인 게 없어요. 나는 놀이만큼 인간을 긍정적으로 만드는 것은 없다고 생각합니다. 부정적인 생각을 순식간에 바꿔줍니다.

하루에 10여 명 오던 것이 내 호객행위가 통했는지 점점 늘어나기 시작했어요. 100여 명이 오는 거예요. 다들 나에게 힘들지 않으냐고 물었어요. 나는 힘든 게 아니라 너무나 재미있었어요. 짧은 시간에 어떻게 하면 아이들과 재미있게 이야기할 것인가를 끊임없이 실험할 수 있는 기회였어요. 인원이 많아 초코파이를 가위바위보를 해서 주었더니 더 재미있어하는 거예요. 오늘은 내가 주먹만 냅니다. 아이들은 보자기를 냅니다. 그러다가 한 명이 가위를 내면 엄청나게 웃지요. 나는 그때 인간에게서 천사 같은 표정을 보았습니다. 혼자 다 나눠주지 못하니 보조가 생겼어요. 교장실에서는 보조가 초코파이를 나눠주며 웃는 진풍경이 쉬는 시간마다 일어났습니다.

마음이 따뜻해져요. 지금 이 글을 쓰는 순간에도 민망하지만 약간의 울컥함을 느낍니다. 점점 교장 하길 잘했다는 생각이 들었어요. 교장이라는 이름이 주는 힘을 발견한 것이지요. 교장실에서 하는 활동 자체가 아이들에게 멋지고 색다른 추억이 되는 모양이었어요. 자랑거리도 되고요. 아이들로부터 학교 다니면서 이렇게 교장실에 매일 오는 것은 처음이라는 말을 들었어요. 아마 나는 우리나라 교장 중 교장이라는 지위를 가장 재미있게 이용한 사람 중 한 명일 거예요.

교장실이라는 공간에 변화가 생긴 겁니다. 공간이 변화하자 그 변화에 맞추어 의미도 변하기 시작했어요. 교장실이라는 딱딱한 이미지의 행정 공간을 모두가 함께할 수 있고 자신을 발견하는 공간으로 만들기 시작했어요.

영국 작가 존 버거의 책 《우리가 아는 모든 언어》에는 이런 말이 있습니다. 사람들은 대부분 자신만의 시간을 갖지 못하고 그걸 깨닫지 못해 마음의 소리를 듣지 못한다고 말입니다. 나는 아이들이 매일 눈앞에 놓인 해결해야 할 많은 일들 때문에 스스로 생각할 시간을 갖지 못한다고, 그래서 자기가 무엇을 좋아하는지도 잘 모른다고 생각했어요. 교장실을 자신을 돌아보는 공간으로 만들고 싶었습니다.

너무 바빠졌어요. 둘이 하는 놀이, 4명이 하는 놀이, 10명 이상이 하는 놀이를 계속 만들어야 했어요. 그런데 조용히 눈을 감고 학교에서 아이들과 함께했던 활동들을 되돌아보면, 다음에 무엇을 할지가 자동으로 선명하게 떠올랐어요. 내가 어떻게 해야겠다가 아니라 그냥 떠오르는 거예요. 그리고 그런 새로운 생각은 내가 이전에 해놓은 게 있어야 떠오른다는 사실도 알게 되었지요.

나는 이것을 내 나름의 창조라고 생각했습니다. 창조가 이루어지는 나의 내면에 마르지 않는 샘을 만들어야 했습니다. 주말마다 꾸준히 '자기와의 데이트'를 했습니다. 일상 공간이 아닌 곳에 혼자 있을 때 재미있는 생각이 났어요. 주말은 '자기와의 데이트'를 하며 의미 있게 보냈고, 주중에는 아이들과 만나는 재미가 아주 쏠쏠했어요. 융합의 재미를 알게 된 거지요. 교장실에서 아이들과 놀이를 하며 개별 상담을 하는 새로운 모험놀이 상담법이 융합을 통해 만들어졌어요.

우리 아이들은 어떠한 이유에서인지 세상에 대한 부정적인 의식이 많았어요. 단지 공부를 못한다는 이유로 그랬어요. 부모님의 불화로 어릴 적 상처가 깊은 아이도 있었고, 학교 폭력 등으로 두려움에 떠는 아이도 있었습니다.

놀이는 이런 심리적인 상처들이 실제로 사람을 다치게 하지 않는다는 사실을 자각하게 하는 데 아주 탁월했어요. 지금 이 순간 나를 아프게 하는 것들은 다 과거의 일이고 그 생각이 사실이 아님을 놀이와 질문을 통해 스스로 알게 해주었어요. 그리고 지금 할 수 있는 이야기를 나누었지요.

아이들은 자신이 과거의 구겨진 철창 속에 있었음을, 그 안에서 운신조차 하지 못했음을 이해했습니다. 정말 아이들은 똑똑해요. 과거가 만들어낸 감정과 생각의 벽을 무너뜨리고 앞으로 나아갔어요.

나는 매일 아이들에게 다양한 질문을 했습니다. 꿈이 무엇인지, 그 꿈을 위해 지금 할 수 있는 일이 무엇인지 물었어요. 그리고 매일 한 가지만 하자고 했어요. 한 가지를 실천한 사진을 카톡으로 보내오면 칭찬해 주었지요. 나는 그저 아이들에게 실천할 수 있는 한 가지를 찾게 해주려고 질문했을 뿐입니다. 이 질문들은 점점 다양해져 108개의 질문으로 늘어났습니다. 108 질문을 바탕으로 상담을 원하는 아이들과 6개월 정도 질문을 주고받았어요. 코로나 시기에는 이 상담을 카톡으로 진행했지요.

지금 이 순간은 언제나 안전합니다. 부정적인 생각에 빠지지 않고 지금 재미있다고 생각한다면, 과거에서 벗어나 목적 있는 삶을 충실하게 살아갈 수 있습니다.

교장실은 아이들의 꿈 발전소 공간이 되었지요. 교장실 벽면은 아이들의 소중한 꿈이 적힌 포스트잇으로 꽉 차 있습니다. 꿈이 적힌 포스트잇은 다른 친구들에게도 꿈을 향해 도전하게 하는 촉진제가 되었죠. 그 꿈 중에는 내 꿈도 포함되어 있습니다.

3장

노래와
놀이로 만난
아이들

108번 묻고
답하고 나니

○

108번의 질문을 마무리하고 다시 대면 상
담을 했습니다. 먼저 대단하다고 칭찬해
준 후 어떤 게 도움이 되었는지 물었어요.
자기 삶을 돌아볼 수 있었고, 무엇보다 목
표가 생겼다고 합니다.

음악 동아리와의 인연으로 고등학교 1학년인 상민이를 만났습니다. 키가 크고 눈이 맑은 아이였습니다. 점심시간에 학교 밖에서 밥을 먹으며 이야기를 나누었습니다. 따뜻한 국밥이 들어가자 마음이 편해졌는지 상민이는 초등학교 5학년 때부터 공부해 본 적이 없다고 말하며 웃었습니다. 그때부터 게임을 했다고 합니다. 최근에는 복싱을 배우고 있다고 해요. 격한 스파링이 끝난 후 상대와 포옹하면서 예의를 배웠다고 무심한 듯 말했습니다.

그 후로 상민이와 8개월 동안 매일 만났어요. 《나를 찾아가는 길》이라는 워크북을 가지고 직접 만나 상담하던 것을 코로나 이후에는 온라인으로 이어갔습니다. 내가 카톡으로 좋은 문장과 질문을 보내면 상민이가 답변하는 방식입니다. 108번 질문하고 108번 답을 했습니다.

첫 대면 상담 때는 먼저 팔씨름을 했습니다. 기분을 물었더니 '재미있다'고 합니다. 살면서 가장 재미있었던 적을 물었어요. 공부를 안 하다가 했는데 한 과목에서 80점 받았을 때라고 합니다. 또 스파링 중 원하던 복싱 기술에 성공했을 때가 좋았다고 합니다. '재미있다'의 반대를 물었습니다. '재미없다'라고 하면서 공부 못하는 것, 부모님에게 잔소리 듣는 것이 재미없다고 했습니다.

108번의 질문을 마무리하고 다시 대면 상담을 했습니다. 먼저 대단하다고 칭찬해 준 후 어떤 게 도움이 되었는지 물었어요. 자기 삶을 돌아볼 수 있었고, 무엇보다 목표가 생겼다고 합니다. 73번째 질문으로 꿈에 관련된 질문을 듣고 소방관이 되겠다는 어린 시절의 꿈을 다시 꾸게 되었다는 것이지요. 초등학생 때 뉴스를 보다가 자신의 목숨도 위험할 수 있다는 걸 알면서도 사람을 구하러 가는 소방관의 모습에 반했다고 합니다. 지금은 도서관에 다니며 소방관 시험공부를 하고 있다고 했습니다. 내성적인 성격으로 조용한 도서관이 잘 맞기도 했고, 다른 사람들이 공부하는 모습을 보면 동기 부여가 된다고 합니다.

상민이는 다른 사람이 간섭할 때 반항했다고 합니다. 요즘은 엄마가 잔소리하기 전에 미리 하려고 노력해서 전보다 스트레스 없는 하루를 보내고 있다고 합니다. 나와 상담하기 전에는 질문을 받으면 어떻게 대답해야 할지 고민했는데, 매일 좋은 문장을 읽고 계속해서 질문에 답하다 보니 이제는 자기도 모르게 답변이 툭 하고 나온다고 했습니다.

그동안 공부를 왜 안 했는지도 알겠다고 했습니다. 꿈도 목표도 없었고 왜 해야 하는지도 몰랐다고 합니다. 이젠 목표가 생겼고 공부하고 싶은 생각이 든다고 합니다. 소방관이 되어 불 속이라도 거침없이 뛰어들어 사람을 구하고 싶다고 했습니다. 이제 자기도 한번 해보고 싶다고 말하며 상담을 마무리했습니다.

단군 신화에서 곰을 사람이 되게 한 쑥과 마늘처럼, 질문과 답변이 상민이에게 꿈을 갖게 한 영양소가 되지 않았나 생각합니다. 학교가 아이들의 다양한 꿈을 안전하게 부화시키는 장소가 되었으면 하는 바람을 가져봅니다.

나도 모르게
작용하는
힘

○

'나도 모르게'라는 경수의 말에 정신이 번
쩍 들었습니다. 경수는 숨 세 번을 참으면
서 자기 내면에 있는 그 어떤 힘과 만났다는
생각이 들었기 때문입니다. 인내에는 보상
이 있음을 가르쳐주는 상담이었습니다.

중학교 1학년인 경수가 갑자기 학교에 가기 싫다고 했답니다. 부모님이 걱정하며 상담을 의뢰했습니다. 걱정과는 달리 밝아 보이는 경수와 모험놀이 개별 상담법으로 상담을 시작했습니다. 먼저 팔씨름을 한 뒤 동전 숨기기 놀이를 했습니다. 숨겨진 동전을 찾았을 때 어색함이 사라지고 경수의 얼굴이 더 밝아졌습니다.

지금 기분을 물었습니다. '행복'하다고 합니다. 가장 행복했던 기억을 써보라고 했습니다. 아빠와 함께 항공기 체험을 했을 때 행복했다고 합니다. 또 가족과 함께 있을 때 감사하다고 했습니다. 초등학교 때 수학대회에서 최우수상을 받아

행복하고 뿌듯했다고 합니다. 아이에게 쓴 것을 다시 읽게 했습니다. 그리고 주로 어떤 때 행복을 느끼는지 물었지요. 가족과 함께할 때 행복한 것 같다고 대답합니다.

이어서 '행복'의 반대를 물었어요. '불행'이라고 합니다. 불행하다고 생각하는 것을 써보라고 했어요. 친구들과 자주 싸우는 것, 친구가 별로 없는 것이 불행하다고 합니다. 경수는 참지 못하고 친구들에게 비난하고 비하하는 말을 자주 내뱉어서 친구가 없다며, 요즘 학교에 가기 싫은 이유를 자연스럽게 말했습니다.

경수의 꿈은 사업가라고 해요. 돈도 많이 벌고 사람들에게 인정받는 사업가가 되고 싶다고 합니다. 사업가로 성공하는데 장애물이 뭐라고 생각하는지 물었습니다. 따지고 가르치고 싶어 하는 자기 성격이 문제라고 합니다. 해결책을 물었어요. 친구들이 싫어하는 따지는 성격을 고쳐야 한다고 했습니다.

경수에게 따지고 싶은 마음이 들 때 숨을 세 번 쉬고 말해보라고 제안했습니다. 말할 때에도 "내 생각에 이번 문제는 ○○라고 생각해"라고 미리 생각해 둔 문구를 이용해 말하기로 했습니다. 역할을 바꾸어가며 실제 상황처럼 세 번 연습했습니다. 경수는 이렇게 하면 평정심을 찾을 것 같다며 재미있어했습니다.

일주일 후 "경수예요. 오늘 숨 세 번 참는 것 실천했는데 한 번은 성공했지만 많이 실패했어요. 감정을 조절하지 못하고 말부터 하는 것 같아요"라고 문자가 왔습니다. 나는 한 번 성공하면 또 할 수 있다고 격려해 주었지요. 그다음 주에 또 문자가 왔습니다. "금요일에 제대로 성공했어요. 평소 같으면 발표 일정이 변경되었을 때 화를 냈을 텐데 숨 세 번으로 나도 모르게 참게 되었어요"라며 기뻐했습니다.

'나도 모르게'라는 경수의 말에 정신이 번쩍 들었습니다. 경수는 숨 세 번을 참으면서 자기 내면에 있는 그 어떤 힘과 만났다는 생각이 들었기 때문입니다. 인내에는 보상이 있음을 가르쳐주는 상담이었습니다.

자격증이
발판이
되었습니다

○

석수는 졸업할 때 전기 자격증을 포함하여
5개 자격증을 취득했습니다. 도전할 만한
일을 선택해 그 일을 실천하는 것은 자신
감을 낳고, 그 자신감은 더 큰 도전을 위한
밑거름이 된다는 것을 직접 체험한 것입니
다. 자격증이 그 발판이 되었습니다.

직업학교 건축과에 다니는 석수가 상담하고 싶다며 찾아왔습니다. 미장 작업을 해서 그런지 바지에 시멘트가 묻어 있었어요. 몸 전체에서 힘이 느껴졌습니다. 석수와는 자신감을 회복하는 모험놀이 상담을 진행하기로 했습니다.

마음을 열기 위해 먼저 함께 밥을 먹었어요. 길 건너 해장국집으로 갔습니다. 석수는 방학 때 기능사 자격증을 연습하러 학교에 와서 이 식당에 자주 들렀다고 합니다. 자격증이 있는지 물었습니다. 3개 취득했고 2개 더 도전할 거라고 합니다.

밥을 먹은 후 상담실로 이동해 상담을 시작했습니다. 어떤 때 최선을 다하는지 써보라고 했어요. 조금씩 해내면서 자신감을 얻을 때, 자기가 관심 있는 분야일 때, 주변 사람들이 자기를 응원해 줄 때 최선을 다한다고 썼습니다.

쓴 것을 다시 읽게 하고 어떤 생각이 드는지 한 단어로 말해보라고 했습니다. '자신감'이라고 합니다. 자신감에 동그라미를 치고 자신감 하면 떠오르는 내용을 써보라고 했습니다. 계획과 축구라고 합니다. 좀 더 구체적으로 써보라고 했어요. 올해부터 자격증을 취득하기 위해 오늘 할 일을 적으며 계획하고 있다고 했고, 중학생 시절 게임에 빠졌을 때 벗어나게 해준 것이 축구였다고 합니다.

자신감의 반대를 물었습니다 '우울함'이라고 합니다. 우울함에 동그라미를 치고 우울했던 기억 세 가지를 써보라고 했습니다. 가족, 시험, 게임이라고 합니다. 엄마 아빠가 별거했을 때, 좋은 성적을 받지 못했을 때, 게임에 빠져 있을 때 우울했다고 합니다.

'우울함'을 가지고 아이와 함께 다음과 같은 문장을 만들었습니다. "나는 비록 가족, 시험, 게임 때문에 우울했지만 그럼에도 불구하고 그런 나를 온전히 마음속 깊이 사랑합니다." 우리는 눈을 감고 이 문장을 여러 번 반복해 말했습니다. 이어서 현재 자신감 상태를 수치로 표현해 보라고 했습니다. 10점 만점에 8점 정도 된다고 합니다. 자격증에 처음 도전할 때는 걱정했지만 도배 자격증을 취득한 후 '하면 되는구나' 하는 생각이 들었다고 합니다.

석수는 졸업할 때 전기 자격증을 포함하여 5개 자격증을 취득했습니다. 도전할 만한 일을 선택해 그 일을 실천하는 것은 자신감을 낳고, 그 자신감은 더 큰 도전을 위한 밑거름이 된다는 것을 직접 체험한 것입니다. 자격증이 그 발판이 되었습니다.

손톱을
물어뜯는
이유

○

과거의 일이 지금 당신을 힘들게 하고 있다
면 먼저 그때 일어났던 상황 중 가장 핵심
적인 감정을 찾아보세요. 그런 다음 그 핵
심 감정을 말하면서 '그럼에도 불구하고
그런 나를 온전히 받아들이겠다'라고 문장
으로 만들어보세요.

초등학교 6학년인 지원이를 만났습니
다. 담임 선생님이 지원이가 다른 친구들과 잘 어울리지 못
한다고 말해주었습니다. 어색하게 들어온 지원이와 먼저 팔
씨름을 했습니다. 이어서 발등 밟기를 했습니다. 팔씨름을
내가 이기자 발등 밟기에 지원이가 적극적입니다. 재미있는
모양입니다. 얼굴이 환해졌습니다.

  지금 기분을 물었어요. 몸을 움직여서 힘들다고 했습니다.
살면서 힘들었던 적이 있는지 물었습니다. 친구 두 명을 이
야기하며 그 친구들을 보면 기분이 안 좋아진다고 했습니다.
말다툼했었다고 합니다. 또 자신이 힘들어하는 것은 손톱을

물어뜯는 버릇이라고 했습니다. 초등학교 1학년 때부터 손톱을 뜯었다고 하면서 손톱을 보여주었습니다. 손톱을 물어뜯을 때 어떤 기분이었는지 물었습니다. 처음에는 잘 모르겠다고 대답하더니 잠시 생각한 후에 긴장되었다고 합니다.

지원이는 긴장할 때마다 떠오르는 일이 있다고 했습니다. 초등학교 1학년 때 자기 물건을 가지고 도망가는 친구에게 무심코 돌을 던졌는데 머리에 맞아 피가 났다는 거예요. 친구와 선생님에게 미안했다고 합니다. 그 이후 먼저 시비를 걸어와도 절대 싸우지 않았다고 합니다. 지금도 그때 일이 자주 생각난다고 합니다. 당시 느낀 긴장감을 수치로 표시해 보자고 했습니다. 10점 만점에 9점 정도라고 합니다.

지원이와 당시 상황을 떠올리며 다음과 같은 문장을 만들었습니다. "나는 비록 초등학교 1학년 때 무심코 던진 돌 때문에 긴장해 손톱을 물어뜯지만, 그럼에도 불구하고 그런 나를 온전히 마음속 깊이 사랑합니다." 이 활동은 과거의 불편했던 상황을 떠올리고 그때 느꼈던 가장 핵심적인 감정을 찾아내 말로 표현하면서 과거의 감정으로부터 자유로워지게 하는 상담법입니다. 옆에 있는 지원이의 손을 악수하듯이 잡았습니다. 그리고 눈을 감게 하고 손날을 천천히 두드려

주면서 만들어진 문장을 다섯 번 조용히 함께 읽었습니다. 그런 다음 다시 당시 상황을 떠올리며 긴장감을 수치로 말해보라고 했습니다. 3점 정도 된다고 합니다. 신기하게 마음이 편안해졌다고 했습니다. 이제 친구들과 뭔가를 할 수 있을 것 같다고도 말했습니다.

다음 주 지원이에게 카톡이 왔습니다. 손톱을 물어뜯는 버릇이 거의 없어졌다고 합니다. 이제 친구들과 어울려도 긴장되지 않는다고 했습니다. 그렇습니다. 마음의 걸림돌이었던 과거의 상황으로부터 자유로워진 것입니다. 지원이를 힘들게 했던 5년 전 일이 그저 과거의 지나간 일임을 알게 된 것입니다.

과거의 일이 지금 당신을 힘들게 하고 있다면 먼저 그때 일어났던 상황 중 가장 핵심적인 감정을 찾아보세요. 그런 다음 그 핵심 감정을 말하면서 '그럼에도 불구하고 그런 나를 온전히 받아들이겠다'라고 문장으로 만들어보세요. 그리고 조용한 새벽녘에 눈을 감고 다섯 번 정도 말해봅니다. 지원이처럼 의외로 쉽게 과거의 부정적 감정으로부터 자유로워지는 경험을 하게 될 것입니다. 감정은 그저 지나가는 감정일 뿐입니다.

포기하지 않으면
아이들은
꼭 돌아옵니다

○

상담을 마치면서 영호는 지금껏 자기 이야
기를 들어준 사람이 별로 없었다면서 오늘
상담이 너무 좋았다고 말했습니다. 자신을
돌아볼 수 있었고 정신 차리고 더욱 각오를
다지는 계기가 되었다고 했습니다.

직업학교에 다니는 영호가 상담을 받고 싶다고 찾아왔습니다. 검은색 후드 티에 노란색 운동화 끈이 잘 어울렸어요. 영호는 전에 다니던 학교로 돌아가고 싶다며 도와달라고 합니다. 직업학교는 인문계 고등학교를 다니다가 공부 외에 다른 데 관심 있는 아이들이 고3 때 다닐 수 있도록 만든 공립 위탁학교입니다. 한 해에 중도 탈락률이 8%나 될 정도로 진로를 수정하는 경우가 많습니다.

영호는 중학교 때 옷에 관심이 생겼고 지금까지 패션디자이너가 꿈이라고 합니다. 패션디자이너를 종이에 쓰라고 했어요. 패션디자이너에 동그라미를 치고 잠시 집중해서 보게 한 뒤 눈을 감고 패션디자이너에 대해 생각해 보라고 했습니다. 5분 후 눈을 뜨게 하고 어떤 느낌이 드는지 물었습니다.

영호는 뜻밖의 이야기를 했습니다. 초등학교 때부터 공부를 안 한 게 후회스럽다는 거예요. 중학교 1학년 때 친구들과 매일 담배 피우고 물건도 훔쳤으며, 고등학교 때는 오토바이를 타다가 큰 사고도 났다고 합니다. 담배는 중학교 때 친구와 걸어가다가 우연히 주워서 시작했는데, 지금은 여자친구가 담배를 싫어해 끊었다고 했습니다. 오토바이는 훔치거나 빌려서 타고 다니니까 엄마가 걱정돼서 사주셨다고 하고요. 사고가 난 후 엄마에게 미안해 오토바이는 팔았다고 합니다.

이어서 문신 이야기도 했습니다. 문신하러 가는 친구를 따라갔다가 유혹을 이기지 못하고 자기도 했는데, 바로 후회해서 병원 가서 지웠다고 했습니다. 손등에 별 모양 문신 자국이 어렴풋이 보였습니다.

한참 이야기한 후 기분을 물었습니다. 상쾌하고 후련하다고 합니다. 그래서 상쾌했던 기억을 이야기해 보자고 했습니다. 공부해서 100점 맞은 적이 있다고 합니다. 야간자율학습실에 책가방을 메고 처음 갔을 때도 너무 떨리고 설렜다고 합니다. 고등학교 2학년 때 담임 선생님이 항상 칭찬해 주어 자신이 변화할 수 있었다고 합니다.

영호의 꿈은 패션디자이너입니다. 공부해서 4년제 대학에 진학하고 싶다고 했습니다. 디자이너가 되는 데 가장 큰 장애물은 친구들이라고 합니다. 앞으로는 큰 모임이 아니면 안 나가고 공부에 집중하겠다고 했습니다. 꿈을 이루려면 대학에 진학해야 하니 오늘부터 영어 공부를 새벽 2시까지 하겠다고 다짐했습니다.

상담을 마치면서 영호는 지금껏 자기 이야기를 들어준 사람이 별로 없었다면서 오늘 상담이 너무 좋았다고 말했습니다. 자신을 돌아볼 수 있었고 정신 차리고 더욱 각오를 다지는 계기가 되었다고 했습니다.

폭풍 같은 청소년기를 보낸 영호가 마음을 잡고 어렵게 직업학교까지 왔으며, 여기서 또 한 단계 나아가 대학 진학에 자신감이 붙었습니다. 이렇게 변화할 수 있었던 동기를 영호는 여자 친구와 결혼하고 싶어서, 엄마가 끝까지 믿어주셔서라고 했습니다. 포기하지 않으면 아이들은 언젠가 돌아온다는 믿음을 다시 한번 확인하는 시간이었습니다.

랩퍼 제자와
퇴직 교장의
약속

○

과거의 나에게 편지를 쓰는 시간을 가졌습니
다. "너 자신에게 온전히 집중하면서 300명
앞에서 소통하며 공연했던 넌 행복할 거고,
앞으로 너를 사랑하는 사람이 많을 거야! 그
러니까 넌 꽤 소중하단 걸 알았으면 해."

재원이를 처음 만났을 때가 기억납니다. "학교생활은 어떠니?" 하고 물었을 때, 재원이는 구겨진 상자 안에서 사는 것 같다고 시인처럼 대답했습니다. 재원이의 핸드폰에는 자작곡 랩이 가득했어요. 졸업 후 2년여 만에 재원이를 다시 만났습니다.

"재원아, 너는 노래 부를 때 어떤 느낌이니?" 하고 물어봤습니다. '해소'라고 대답했습니다. 해소되었던 경험을 세 가지 써보라고 했습니다. 처음 가사를 썼을 때라고 합니다. 중3 때 공연을 준비하면서 처음으로 자기 과거를 담은 가사를 썼는데, 그 가사를 듣고 위로됐다며 잘 썼다는 이야기를 들었을 때 해소되었다는 겁니다. 그리고 그 공연을 했을 때라고 합니다. 북한산 페스티벌 오프닝 공연이었는데 300여 명의 관객들이 환호해 주어 큰 해소를 느꼈다고 합니다.

'해소'의 반대를 물었습니다. '감옥'이라고 합니다. 감옥 같다는 느낌을 받은 경험을 쓰게 했습니다. 초등학교 저학년 때 화장실 문 뒤에 숨어서 소리 죽여 울었을 때라고 합니다. 원래는 남들 앞에서 잘 울지 않는 아이였는데, 친구와 싸우다가 "넌 태어나선 안 됐어"라는 말을 듣고 눈물이 났다고 합니다. 또 초등학생 시절 따돌림당할 때라고 했습니다. 자기와 관련 없는 일조차 자기 잘못이 되어 있었다고 합니다. 친구 둘이 서로 다투다가 책 읽고 있던 재원이를 툭 치더니 "너 때문에 이러잖아" 하고 탓하며 욕하는 소리를 들었다고 합니다.

학교 폭력을 하는 사람이나 당하는 사람 모두 주변의 반응과 관심에 따라 남을 위축시키거나 스스로 위축되는 것 같다고 말하며, 재원이는 이제 그 단계를 넘어가는 중이라고 했습니다.

재원이의 꿈은 자신의 노래를 들어주는 사람들이 있는 것이라고 했습니다. 그러면 자신감이 생기고 계속할 수 있는 용기가 생긴다고 합니다. 극복해야 할 것으로는 '나'라는 사람 자체에 대한 확신이 필요하다고 했습니다.

과거의 나에게 편지를 쓰는 시간을 가졌습니다. "너 자신에게 온전히 집중하면서 300명 앞에서 소통하며 공연했던 넌 행복할 거고, 앞으로 너를 사랑하는 사람이 많을 거야! 그러니까 넌 꽤 소중하단 걸 알았으면 해."

이야기를 마무리하면서 재원이는 지금까지 사람들에 대해 좋게 생각한 적이 단 한 번도 없었지만, 오늘 만나 이야기를 나누면서 사람들에 대한 편견이 사라지게 되었다고 말했습니다.

우리는 눈이 마주쳤습니다. 그리고 거의 동시에 전에 만들려고 했던 노래를 마무리하자고 말했습니다. 학교 폭력을 다룬 드라마 〈더 글로리〉의 주제곡을 한번 만들어보자고 의기투합하면서 우리는 하이파이브를 했습니다. 일주일 후 비트와 가사가 완성되었다는 연락을 받았습니다.

학교 폭력
피해 경험을 담아
부른 노래

○

재원이는 오늘 너무 뿌듯했다고 말했습니다. 무엇보다 자기가 아끼는 가사를 선생님과 함께 노래해서 행복했고, 이 노래를 들은 누군가가 희망을 찾을 수 있으면 더 바랄 게 없다고 했습니다.

직업학교 제자인 재원이와 녹음실에서 만났습니다. 지난번에 만들자고 약속했던 학교 폭력 피해 경험을 담은 노래를 녹음하기 위해서입니다. 우리는 시간 가는 줄 모르고 녹음했습니다. 밤 12시에 녹음을 마치고 함께 편의점에 갔습니다. 안경 너머로 보이는 재원이는 약간 흥분되어 있었습니다. 우유와 샌드위치를 먹으며 이번 노래에 관해 이야기를 나누었습니다.

우선 녹음한 소감을 물었습니다. 새로웠다고 합니다. 여태 녹음 작업을 집에서 해오다가 태어나서 처음으로 스튜디오에서 해본다고 했습니다. 떨렸다고 합니다. 틀리면 안 된다는 강박을 느꼈고 오래 걸릴까 봐 미안한 생각도 들었다고 했습니다. 셀럽들이 오는 곳이라는 생각이 들어서 더 그랬던 것 같다고 했습니다. 특히 모니터링할 때 들리는 자기 목소리가 별로였기에 두려웠다고 합니다.

재원이는 '두려움'이라는 단어를 여러 번 썼습니다. 어떤 두려움이 있는지 좀 더 깊은 이야기를 나누었습니다. 생판 모르는 사람 앞에서 공연할 때 두려움을 느낀다고 합니다. 실수에 대한 두려움도 있다고 했습니다. 또한 주변인이 떠날까 봐 두렵다고 했습니다.

그러면서 어렸을 때 부모님이 이혼한 후 아빠와 함께 살던 재원이를 엄마가 다시 데려왔다고 말했습니다. 잃고 또 잃었다는 표현을 썼습니다. 이게 트라우마가 되어 누군가 잃을까 봐 두려워하게 되었다고 덤덤하게 말했습니다. 쉽지 않은 이야기를 꺼낸 겁니다. 그 이유를 물었어요. 감춰서 좋을 게 없다는 것을 알았다고 합니다. 살아보니까 자기만 힘든 게 아니라는 것을 느꼈다는 것이지요.

그래서 이번 노래 가사는 평범한 위로의 말이 아니었으면 좋겠다고 생각하며 썼다고 합니다. 노래 첫 부분과 마지막 부분을 부정과 긍정으로 대비시켰고, '마른 꿈'은 힘없고 위축된 느낌을 표현한 것이라고 합니다. 해골과 춤을 춘다는 가사는 '관절이 없어 춤을 출 수 없지만 춤을 춘다. 불가능은 없다. 마음먹기 나름이다'라는 의미라고 합니다. 좀 잔인한 말이지만, 내가 바뀌지 않으면 환경은 바뀌지 않는다는 사실을 깨달았다고 했습니다.

재원이는 초등학교 4학년 때부터 래퍼가 꿈이었고 음악을 한다는 이유로 공부를 안 하게 되었습니다. 그것이 도피처였다는 걸 안 것은 고등학교 2학년 시절 학교에서 따돌림당할 때였습니다. 지금껏 랩은 친구를 생기게 해주는 매개체였을 뿐임을 깨닫고 상실감과 허무감을 느꼈다고 합니다. 유튜브를 시작하고 마음을 담아 가사를 쓰기 시작하면서 나아졌다고 했습니다.

앞으로 창피하지 않고 최대한 열심히 하는 래퍼로 살고 싶다고 했습니다. 장애물은 충동적인 행동이라고 합니다. 솔직하지 못한 마음이 있지만, 자신에 만족하면서 극복하겠다고 했습니다. 자신이 생각하는 극복 방법으로 직장 잘 다니기, 최소한 두 끼 이상 먹기, 일찍 자고 일찍 일어나기, 자기관리하기, 잘 씻고 면도하기, 운동하기 등을 이야기했습니다.

재원이는 오늘 너무 뿌듯했다고 말했습니다. 무엇보다 자기가 아끼는 가사를 선생님과 함께 노래해서 행복했고, 이 노래를 들은 누군가가 희망을 찾을 수 있으면 더 바랄 게 없다고 했습니다.

재원이가 겪은 가정사와 학교 폭력 피해 경험이 본인도 모르게 위축된 심리적 약점으로 작동되어 왔다는 생각이 들었습니다. 하지만 이번 노래를 만드는 작업을 보면서 자유로워진 표정들이 보였습니다. 사람은 결국 하고 싶은 일을 할 때 어떤 긴장감도 느끼지 않고 빛이 나는 모양입니다. 이번 노래 제목은 '마른 꿈, 다시 꿈'으로 했습니다. 그 꿈이 다른 사람들에게도 희망으로 번졌으면 하는 바람입니다.

 QR 코드를 스캔하면
방승호 & 한재원의
〈마른 꿈, 다시 꿈〉을
들을 수 있습니다.

- 저자가 다년간 재직했던 아현산업정보학교는 문화 활동을 통해
  건강한 정서를 함양하며 즐거움과 꿈을 키워나가는
  문화의 일상화 전통이 잘 자리매김되어 있다.
  (사진 설명: 아현산업정보학교의 CJ도너스캠프 청소년문화동아리 활동 결과물)

아우름

다음 세대를 생각하는 인문교양 시리즈

**당신의 꿈은
무엇인가요**

1판 1쇄 인쇄 2023년 12월 21일
1판 1쇄 발행 2023년 12월 29일

지은이 방승호
펴낸이 김성구

책임편집 고혁
콘텐츠본부 조은아 김초록 이은주 김지용
디자인 이영민
마케팅부 송영우 김지희 김하은
제작 어찬
관리 김지원 안웅기

펴낸곳 ㈜샘터사
등록 2001년 10월 15일 제1-2923호
주소 서울시 종로구 창경궁로35길 26 2층 (03076)
전화 1877-8941
팩스 02-3672-1873
이메일 book@isamtoh.com
홈페이지 www.isamtoh.com

ISBN 978-89-464-2263-6 04080
ISBN 978-89-464-1885-1 04080(세트)

값은 뒤표지에 있습니다.
잘못 만들어진 책은 구입처에서 교환해 드립니다.